vtiger CRM v6.2.0: Nutzer und Administrator Handbuch

Copyright © 2004-2015 crm-now GmbH, Autor: Frank Piepiorra. Alle Rechte vorbehalten.
9. Ausgabe

Markennamen

vtiger ist ein Markenname und das vtiger Logo ist ein Markenzeichen von vtiger.com. crm-now ist ein Markenname und das crm-now Logo ist ein Markenzeichen der crm-now GmbH. Alle anderen Marken sind Eigentum der jeweiligen Besitzer.

Danksagung

vtiger ist ein Open Source Softwareprojekt, welches durch ein engagiertes Team und einer großen Anzahl von Unterstützern vorangetrieben wird. Der Autor ist dem vtiger Team, crm-now und der ständig wachsenden Interessengemeinschaft für die zahlreichen und fachkundigen Hinweise sehr dankbar. Mehr Informationen über vtiger, dem dahinter stehenden Team, dem Projekt und der vtiger Interessengemeinschaft finden Sie unter:

www.vtiger.com

Dieses Handbuch wurde durch die crm-now GmbH gefördert. Mehr über crm-now ist unter der folgenden Webadresse zu finden:

www.crm-now.de

Druck: Lulu
Gestaltung: crm-now GmbH
ISBN: 978-1-326-17962-5

Vorbemerkungen

Das Handbuch beschreibt jetzt in seiner 9. Ausgabe das vtiger CRM System für Nutzer als auch Administratoren für das vtiger CRM System v6.2.0. Für diese Ausgabe wurde der Inhalt vollständig umgestaltet, um den Wünschen gelegentlicher CRM Nutzer und dem neuen vtiger Design der Bedienoberfläche besser gerecht zu werden.

Mit der Version 6.2 hat vtiger ein Open Source CRM bereitgestellt, was hinsichtlich der verwendeten Software Architektur aber auch der Bedienerführung und der Bedienoberfläche den heutigen technisch Möglichkeiten eines Browser basierenden Systems entspricht. Verglichen mit der älteren v5.x Version ist das CRM nicht nur moderner, sondern auch schneller und komfortabler geworden, auch wenn es hinsichtlich des gewohnten Funktionsumfanges noch einige Einschränkungen gibt.

Mit Hilfe dieses Handbuches werden Sie sich schnell in dem neuen CRM System zurechtfinden. Ziel ist es, Ihnen schon nach einer kurzen Einarbeitungszeit die Möglichkeit zu geben, Ihre Kunden effektiv zu verwalten und die Arbeit Ihrer Mitarbeiter zu koordinieren. Mit dem vtiger System haben Sie ein leistungsfähiges Werkzeug zur gesamten Verkaufsprozessbegleitung als auch zum Kontakt-, Aktivitäten-, Servicemanagement in Ihrem Unternehmen.

Das CRM System ist vor allem für solche Unternehmen geeignet, welche

- im B2B und B2C Geschäft tätig sind,
- längere Verkaufszyklen haben,
- ihr Produkt oder Dienstleistungsangebot nicht häufig wechseln,
- und mit Vertriebs-, Marketing oder Serviceteams an mehreren Orten arbeiten.

Darüber hinaus ist es auch geeignet Behörden, Vereine oder andere Organisationen in der Verwaltung von Kontakten, Terminen und Dokumenten zu unterstützen. Es kann immer dort eingesetzt werden, wo es darauf ankommt mehreren Personen den Zugang auf gemeinsame Daten zu schaffen.

Dieses Handbuch wurde für CRM Nutzer und Administratoren geschrieben. Es richtet sich an Vertriebs- und Marketingpersonal, Servicemitarbeiter als auch an das Unternehmensmanagement.
Das Handbuch konzentriert sich auf die CRM Funktionen. Darüber hinaus existieren zahlreiche Zusatzmodule und Erweiterungen. Wo angebracht, wird auf Quellen für weitere Informationen verwiesen.

Alle in diesem Handbuch als Beispiel benutzten Angaben für Unternehmen oder Personen sind frei erfunden. Eventuelle Ähnlichkeiten mit tatsächlich existierenden Unternehmen oder Personen sind rein zufällig.
Die in diesem Handbuch benutzten Bezeichnungen in den CRM Funktionen und Modulen beruhen auf der deutschen Übersetzung in den Sprachmodulen durch die crm-now GmbH, welche als kostenlose Open Source CRM Erweiterung zur Verfügung gestellt wurden.

Inhaltsverzeichnis

1 Einführung

Dieser Teil beschreibt, wie das Handbuch aufgebaut ist und wie man sich zügig in die Benutzung des CRM Systems einarbeiten kann.

1.1 Über dieses Handbuch

Es ist keinesfalls notwendig, dass Sie das gesamte Handbuch lesen oder alle Funktionen beherrschen müssen, um mit der Software zu arbeiten.

Das Handbuch gibt Ihnen Hinweise, wie Sie sich schrittweise in die Bedienung einarbeiten und wie Sie Ihre Arbeit effektiv gestalten können. So weit als möglich ist jedes Kapitel innerhalb eines Handbuchteiles in sich geschlossen. D.h. Sie brauchen keine Kenntnisse aus vorhergehenden Kapiteln, um sich in ein Kapitel einzuarbeiten. Wo notwendig, ist auf weiterführende Informationen in anderen Kapiteln verwiesen.

Je mehr Informationen Sie im CRM System erfasst haben, umso effektiver können Sie arbeiten. In der Regel werden Sie erst während der Arbeit mit dem CRM System erfahren, wie nützlich die zahlreichen Funktionen für Sie sind und können bei Problemen jederzeit auf das Handbuch zurückgreifen.

Nutzung des Handbuches

Ich hoffe, dass Ihnen das Handbuch eine wertvolle Referenz ist und alle Ihre Fragen zur Funktion und zur Nutzung des CRM Systems beantwortet. Speziell werden folgende Themen behandelt:

- Die allgemeinen Funktionsprinzipien des CRM. Mit all seinen Modulen und Funktionen erscheint das System oft unüberschaubar. Wir zeigen Ihnen die Zusammenhänge und helfen Ihnen, sich schnell einzuarbeiten.
- Wie beginnen Sie das CRM zu nutzen? Was sollten Sie zuerst tun?
- Verkaufsprozessbegleitung. Was bietet Ihnen das CRM System, um Verkaufsprozesse zu automatisieren?
- Kontaktmanagement. Wie arbeitet man mit Leads, Personen und Organisationen effektiv?
- Individuelle Anpassungen. Jedes Unternehmen benötigt seine eigene Konfiguration. Ich erkläre Ihnen, wie das CRM auf die individuellen Anforderungen und Wünsche des Unternehmens und der Benutzer angepasst werden kann.
- Beziehungen verstehen. Die meisten Daten im CRM sind mit anderen Daten logisch verbunden. Diese Beziehungen und deren Zweck werden ausführlich beschrieben. Wenn angebracht, dienen entsprechende Beispiele zur näheren Erläuterung.
- Import und Export. Ich zeige Ihnen was notwendig ist, um erfolgreich Daten mit anderen Büroanwendungen durch Imports und Exports auszutauschen.
- Zusätzliche Quellen. Ich zeige Ihnen, wo Sie weitere Informationen über das CRM, auch in Bezug auf die zahlreichen Zusatzmodule, herbekommen können.

Dieses Handbuch ist in fünf Teile gegliedert:

Teil 1: Einführung

Dieser Teil erläutert, welche Anforderungen bestehen, um mit dem CRM zu arbeiten und wie Sie sich schnell mit dem System vertraut machen können.

Teil 2: Aufbau des CRMs

Dieser Teil erläutert, wie das CRM System in seiner Menüstruktur aufgebaut ist, erklärt die verschiedenen Standardansichten und die Regeln die es in diesen Ansichten gibt. Spezielle wird auf die Erstellung von benutzerdefinierten Listen und Spezialmenüs eingegangen.

Teil 3: Erfassen von Daten im CRM

In diesem Teil wird beschrieben, wie Daten im CRM eingegeben werden und welche unterschiedlichen Möglichkeiten es gibt, um das im CRM zu realisieren. Es wird auch erläutert, welche Aktivitäten, Produkte und Dienstleistungen im CRM unterstützt werden und welche Möglichkeiten zur Kommunikation existieren. Ausführlich wird beschrieben, wie das CRM System Ihren Verkaufsprozess begleitet.

Teil 4: Mit dem CRM arbeiten

Dieser Teil zeigt Ihnen, wie man die im CRM hinterlegten Daten im Verkaufsprozess und im Service nutzen kann, um die Produktivität der einzelnen Nutzer zu erhöhen. Es wird erläutert, welche automatisierten Prozesse im CRM ablaufen und wie man diese in die Arbeit mit den Kunden einbindet.

Teil 5: Administrative Aufgaben

Dieser Teil beschreibt im Detail, wie das CRM konfiguriert wird, wie Nutzer eingerichtet werden, Vorlagen erstellt und allgemeine Firmeneinstellungen vorgenommen werden können.

Die Version der Auflage des Handbuches können Sie an Hand der Dokumentennummer auf der zweiten Seite erkennen. Die ersten drei Ziffern kennzeichnen das Dokument.
Die nachfolgenden drei Ziffern zeigen die Versionsnummer an. Die Versionsnummer wird bei jedem neuem Release der Software erhöht. Die nachfolgende Nummer indiziert die Auflage innerhalb einer Software Version.

Benutzereingaben und Systemantworten werden in diesem Handbuch wie folgt dargestellt:

Verweise auf Menüs: Verweise auf Menüs, sind **dick** dargestellt.

Beispiel: wie im Menü **Kalender** zu sehen.

Menübasierte Befehle: Menübasierte Befehle im Browser werden ebenfalls **dick** dargestellt und durch eckige Klammern eingerahmt. Mehrere Eingaben werden durch das „>„ Zeichen getrennt.

Beispiel: Wählen Sie **[Kontakt]** > **[Neu]** .

1.2 Erste Schritte

Zugang zum CRM

Bevor Sie als Nutzer Zugriff auf die Software erhalten, müssen Sie sich als autorisierter Nutzer der Software identifizieren. Das erfolgt über ein Login, bei dem Ihr Benutzername und Ihr Passwort eingegeben werden muss. Nutzername und Passwort erhalten Sie von Ihrem Systemadministrator.

PC Anforderungen

Um die CRM Software zu nutzen, brauchen Sie keine Software auf Ihrem Computer zu installieren. Die Software kann von Ihnen über Ihren Internet Browser sofort genutzt und bedient werden. Stellen Sie sicher, dass Sie einen schnellen Intranet oder Internetzugang haben, z.B. DSL Verbindung, um zügig mit der Software arbeiten zu können.

Wenn Sie die Anwendungen auf dem Computer in Ihrer Büroumgebung mit dem CRM verbinden wollen, können Sie Erweiterungen nutzen. Diese sind in den entsprechenden Handbüchern erläutert (siehe Anhang A).

Bitte beachten Sie die nachfolgenden Hinweise zu den Minimalanforderungen und zur Einstellung Ihres Browsers:

Hardware Anforderungen:

PC oder Thin Client mit Internet Browser; Bildschirmauflösung mindestens Super VGA (1024 * 768 Bildpunkte)

Browser Anforderungen:

- Firefox 30.0 oder besser
- MS Internet Explorer 10.0 oder besser
- Safari 6 oder besser

Einstellungen von Browsern:

Cookies: Für die CRM Software müssen Sie die Benutzung von Cookies zugelassen haben.

Java: Sie müssen die Benutzung von JavaScripts zugelassen haben.

1.3 Login

Den Zugang zur Software erhalten Sie durch die Eingabe einer URL die Ihnen vom Systemadministrator gegeben wird. In Ihrem Browser müssen Sie Ihre Zugangsdaten eingeben. Ihre Sprache und eine Bedienoberfläche wurde von Ihrem CRM Administrator voreingestellt.

Sollte Sie das CRM System nicht erreichen können, ist möglicherweise der Zugang gesperrt. Dafür kann es viele Gründe geben. Setzen Sie sich mit Ihrem Administrator in Verbindung, um die Ursache zu finden.

Bitte beachten Sie, dass der Zugang auf Ihre Daten u.U. nach einer gewissen Zeit der Inaktivität automatisch gesperrt werden kann. Damit soll verhindert werden, dass Ihre Daten bei versehentlich unbeaufsichtigtem Browser durch nicht autorisierte Personen eingesehen werden können. Sie werden dann zur erneuten Eingabe Ihres Benutzernamens und Passwortes aufgefordert.

Unter einer Bedienoberfläche (GUI = Graphical User Interface) versteht man eine Darstellungsvorlage für die Arbeit mit dem CRM System. In Abhängigkeit von der Freischaltung stehen Ihnen eine oder mehrere Sprachen zur Bedienung des CRM Systems zur Verfügung. Benötigen Sie eine zusätzliche Sprache, setzen Sie sich bitte mit Ihrem Systemadministrator in Verbindung

Bedienoberfläche und Sprache können durch jeden CRM Nutzer im Menü **[Meine Einstellungen]** geändert werden, wie im Kapitel 2.3.1 erläutert. Eine geänderte Sprache wird unmittelbar aktiv, wenn Sie das Menü wechseln.

Die Anzahl der angebotenen Sprachen und Bedienoberflächen sind bei Installation des CRM Systems festgelegt worden und können durch den Administrator über die GUI nicht verändert werden.

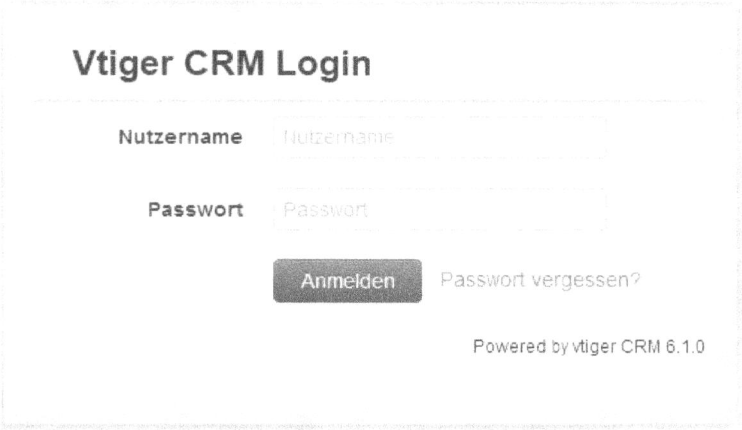

Abbildung 1-1: Login Ansicht

Nach dem Start des Programms erscheint der Bildausschnitt, den Sie in Abbildung 1-1 sehen können. Geben Sie Ihren Benutzernamen und Ihr Passwort ein und drücken **<Enter>** auf Ihrer Tastatur, oder klicken Sie auf den **[Login]** Button, um das CRM System zu starten.

Sollten Sie einen falschen Benutzernamen oder ein falsches Passwort eingegeben haben, erhalten Sie eine Fehlermeldung.

Browser erlauben es, Benutzernamen und Passwörter abzuspeichern, um die Bedienung zu vereinfachen. Bitte beachten Sie, dass die Benutzung einer solchen Browserfunktion ein Sicherheitsrisiko für Sie ist.

Nicht autorisierte Personen könnten Zugriff auf Ihren Rechner erlangen und diese Funktion ausnutzen, um auch Zugang zu Ihren Daten zu erhalten.

Sollten Sie sich trotzdem für die Benutzung einer solchen Funktion entscheiden und ein nicht autorisierter Zugriff auf Ihre Daten erfolgt, geschieht das zu Ihrem eigenen Risiko.

In der Regel ist Ihr Verbindung zum CRM durch eine Verschlüsselung gesichert. Wenn Ihr Browser das verwendete Sicherheitszertifikat nicht kennt, wird Ihnen Ihr Browser einen entsprechenden Hinweis geben. Akzeptieren Sie die Verbindung.

Ihre Zugriffsrechte für das CRM System werden durch den Administrator gesetzt. Mit Zugriffsrechten kann der Administrator festlegen, welche Ressourcen des CRM Systems ein Anwender nutzen kann. Dabei wird zwischen folgenden Rechten unterschieden:

- Erlaubnis ausgewählte Funktionen des CRM Systems zu benutzen
- Erlaubnis Daten zu sehen
- Erlaubnis Daten hinzuzufügen oder zu verändern
- Erlaubnis Daten zu löschen
- Erlaubnis Daten zu importieren
- Erlaubnis Daten zu exportieren

Das CRM System stellt sicher, dass Sie nur die Handlungen ausführen können, für die Sie auch eine Erlaubnis haben. Im Kapitel 5 wird erläutert, wie diese Rechte im CRM vergeben werden. Bitte wenden Sie sich an Ihren CRM Administrator, wenn Sie mehr über die Ihnen gewährten Zugriffsrechte wissen oder wenn Sie diese verändert haben wollen.

1.4   Wie beginnen?

Als Erstes muss das CRM System Ihren Erfordernissen angepasst werden. Diese Anpassung kann durch einen Nutzer mit Administratorrechten ausgeführt werden. Die vielfältigen Möglichkeiten sind im Kapitel 5 ausführlich beschrieben. Darüber hinaus können Nutzer ohne Administratorrechte ebenfalls Anpassungen in der Darstellung der im CRM System gespeicherten Daten vornehmen. Das wird in den jeweiligen Kapiteln beschrieben.
Das Herzstück jedes Kundenbeziehungsmanagements sind Ihre Kunden und Ihre Mitarbeiter. Beginnen Sie damit, Mitarbeiterdaten und Leads einzugeben. Erzeugen Sie dann aus diesen Leads automatisch die Personendaten und Organisationen.

Natürlich können Sie im CRM auch die Bestandsdaten Ihres Unternehmens übernehmen. Dafür gibt es verschiedenen Möglichkeiten, wie z.B. über den Import mit Hilfe einer CSV Datei oder dem Outlook Plugin. Bevor Sie aber damit beginnen, sollten Sie die wesentlichen Funktionen des CRMs kennen und die Bedienung beherrschen. Dieses Wissen brauchen Sie um Ihre Daten für den Import vorzubereiten. Übrigens ist das eine oft unterschätzte Aufgabe und Sie sollten ausreichend Zeit dafür einplanen.

Beschränken Sie sich im ersten Schritt auf die wesentlichen Daten von aktiven Kunden. Sie können fehlende Daten auch noch später nachtragen. Geben Sie auch Mitarbeiterdaten als Personen ein. Diese brauchen Sie, um mit ihnen über das CRM System zu kommunizieren oder ggf. Aufgaben zu empfangen oder zu zuweisen. Nachdem Sie die ersten Kunden erfasst haben, steht Ihnen schon ein großer Funktionsumfang zur Verfügung, um die Arbeit mit diesen Kunden zu automatisieren.

Im zweiten Schritt erfassen Sie Ihr Angebot an Produkten oder Dienstleistungen, wie im Kapitel 0 Produkt bezogene Eingaben beschrieben. Auch hier gilt, dass Sie sich auf die wesentlichsten Angaben beschränken sollten. Sie können später weitere Informationen anfügen.

Wenn mehrere Nutzer in Ihrem Unternehmen mit dem CRM System arbeiten, denken Sie daran, dass Sie gemeinsame Daten, wie z.B. Angaben zu Produkten, nur einmal eingeben müssen. Stimmen Sie sich untereinander ab.

Verwenden Sie die eingegeben Daten sofort bei Ihrem nächsten Kundenkontakt und erfassen Sie die Kundenaktivität, wie in im Kapitel 3.2 Kalender und Aktivitäten beschrieben. Erfassen Sie die ersten Kundenkontakte als „Leads" und generieren Sie daraus automatisch die Nachfolger im Verkaufsprozess.

Die Startseite bietet Ihnen einen guten Überblick über alle im CRM System erfassten Daten. Schrittweise sollten Sie sich dann in die weiteren Funktionen der CRM Software einarbeiten. Denken Sie daran, dass Sie das CRM System so Ihren Wünschen anpassen können, dass Sie praktisch immer mit einem Klick die Sie interessierenden Daten erreichen können. Ist das nicht der Fall, gibt es sicher noch einen besseren Weg.

2 CRM Aufbau

Die Bedienoberfläche des CRMs besteht aus der Startseite und vielen Navigationsmenüs für die einzelnen Module (Personen, Organisationen, Aktivitäten usw.). Welche Inhalte die Navigationsmenüs haben, hängt von den Menüs und den Einstellungen ab, welche der CRM Administrator vorgenommen hat. Den Inhalt der Startseite können Sie weitgehend selbst bestimmen.

2.1 Navigation im CRM

Im CRM wird über s.g. Links oder Buttons navigiert, wie Sie das von Webseiten her kennen. Im Unterschied zu einer Webseite, ist der angezeigte Inhalt jedoch nicht statisch sondern kann sich dynamisch ändern. Das heißt z.B., dass sich die Liste der Personen aus einem Unternehmen seit Ihrer letzten Ansicht geändert haben könnte, da eine Kollegin eine Person hinzugefügt hat.

Wichtig ist, dass Sie deshalb immer mit dem Navigationsmenüs des CRM's arbeiten und nicht die Browser Menüs verwenden. Für eine fehlerfreie Funktion muss sich Ihr Browser die Daten für eine Ansicht aus dem CRM System holen und kann i.d.R. nicht die im Browser zwischengespeicherten Daten verwenden.

Für viele Zwecke ist es sinnvoll, Browserfunktionen mit mehreren Tabs benutzen, um schneller im System zu navigieren. Die Seiten sind hierarchisch angeordnet. Sie können zwischen benachbarten Hierarchieebenen wechseln oder meistens mit einem Klick direkt eine gewünschte Seite erreichen. Darüber hinaus haben Sie innerhalb des CRM bestimmte Bereiche, die spezielle Funktionen bereitstellen.

Für fast alle Anforderungen lässt sich das CRM so einrichten, dass Sie mit einem Maus-Klick die Sie interessierenden Daten angezeigt bekommen. Sollten Sie also viel klicken müssen, gibt es mit Sicherheit noch ein besserer Weg durch individuelle CRM Einstellungen oder Bedienvorgängen finden.

2.2 Menüaufbau

Alle Menüs zur Datenerfassung und -darstellung im CRM sind ähnlich aufgebaut und werden auch ähnlich bedient. D.h., dass Sie sich in die Bedienung schnell einarbeiten können, wenn Sie sich mit den allgemein gültigen Aufbau vertraut gemacht haben.

2.2.1 Ihre Startseite

Nach erfolgreichem Login öffnet sich Ihre persönliche CRM Startseite, wie ausschnittsweise in Abbildung 2-1 gezeigt.
Die aktuelle Darstellung und der Umfang der angebotenen CRM Funktionen können von der Abbildung abweichen, da diese von der gewählten Bedienoberfläche und den von dem Administrator Ihnen zur Verfügung gestellten Funktionen abhängt.

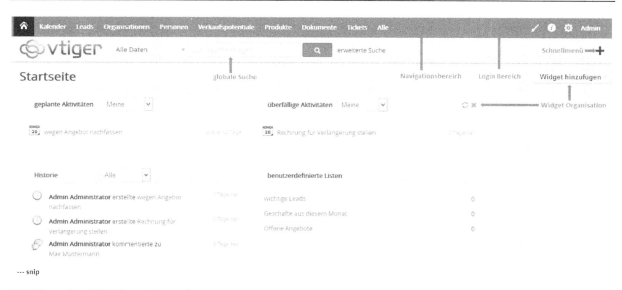

Abbildung 2-1: CRM Startseitenaufbau

Diese als Startseite (Home) bezeichnete Seite bietet Ihnen einen zusammenfassenden Überblick über viele im CRM System vorliegende Daten und Funktionen. Dank einer ausgeklügelten Organisation erlangen Sie meist mit einem einzigen Klick von der Startseite zu allen Sie interessierenden Daten.

Im oberen Bereich des CRM Systems, wie in Abbildung 2-1 gezeigt, werden Ihnen mehrere Bereiche zur Navigation und zur Arbeit mit dem CRM bereitgestellt. Die nachfolgende Tabelle erklärt die einzelnen Bereiche.

Tabelle 2-1: CRM Menübezeichnungen

Navigationsbereich	Funktion
Login Bereich:	In diesem Bereich können Sie die Farbe Ihrer CRM Menüs ändern, Login Informationen sehen, Ihre Standardeinstellungen für die Startseite verändern, die Hilfeseiten erreichen und einen Logout vornehmen. Das ⚙ Icon steht nur dem CRM Administrator zur Verfügung.
Navigationsbereich:	Hier können Sie im CRM zwischen den Modulen navigieren. Die Standardeinstellung kann einheitlich für alle CRM Nutzer durch den Administrator geändert werden.
Schnellmenü:	Dieses Menü erlaubt Ihnen schnelle, aber auch im Umfang reduzierte Eingaben für die verschiedenen CRM Module.
globale Suche:	Diese Suchfunktion durchsucht Ihren gesamten Datenbestand und listet die Ergebnisse in Zuordnung zu den CRM Modulen auf. Groß- oder Kleinschreibung wird ignoriert.
Widgets Organisation:	Mit Hilfe s.g. Widgets können Sie auf der Startseite einen direkten Zugang auf die Daten platzieren, welche Sie am meisten interessieren.

2.2.1.1 Widgets

Sie sollten Möglichkeit nutzen eigene Widgets auf der Startseite zu platzieren. Klicken Sie auf **[Widget hinzufügen]**, um ein vorhandenes Widget auszuwählen. Es wird empfohlen, zumindest folgende Widgets auf der Startseite zu platzieren:

Tabelle 2-2: Empfohlene Widgets für die Startseite

Widget-Name	Funktion
benutzerdefinierte Listen:	Benutzerdefinierte Listen sind eins der wichtigsten CRM Hilfsmittel und werden im Kapitel noch näher erläutert. Mit Hilfe dieses Widgets können Sie auf ausgewählte Listen schnell zugreifen.
geplante Aktivitäten:	Mit diesem Widgets werden Ihnen alle Aktivitäten angezeigt, welche für den aktuellen Tag als geplant in Ihrem Kalender stehen.
überfällige Aktivitäten:	Wurde eine Aktivität zum geplanten Termin nicht als erledigt gekennzeichnet, zeigt Ihnen dieses Widget die überfälligen Aktivitäten an.
Notizblock:	Das Notizblock-Widget können Sie nutzen, um ein oder mehrere Widgets für eigene Notizen auf der Startseite zu haben.
eigene Widgets:	Dieses Widgets-Menü erlaubt Ihnen Widgets nach Ihren eigenen Vorgaben zu erstellen. (So ein Widget sollten Sie erst erstellen, nachdem Sie im CRM Daten erfasst haben).

2.2.1.2 Globale Suche

Die globale Suchfunktion ist ein bequemes und leistungsfähiges Werkzeug, um in Ihrem gesamten Datenbestand bestimmte Informationen zu finden.

Abbildung 2-2: Globales Suchmenü

Wie in der Abbildung 2-2 zu sehen, können Sie über die Auswahlliste vor dem Suchfeld die Suche auf bestimmte Module beschränken. Danach müssen Sie das Feld mit dem Suchausdruck ausfüllen und auf das **[Lupe]** Icon klicken.

Sie können auch unvollständige Wörter eingeben. Wenn Sie eine Suchbegriff eingeben, welcher aus mehreren Worten besteht, so werden diese bei der Suche UND verknüpft. Eine Suche nach „Frankfurt am Main" würde also keine Ergebnisse liefern, für CRM Einträge bei denen nur „Frankfurt" eingetragen wurde.

Wenn Sie auf **[erweiterte Suche]** klicken (siehe Abbildung 2-3), wird Ihnen eine Möglichkeit gegeben, innerhalb von einem ausgewählten CRM Modul Suchkriterien, s.g. Filter, zu bestimmen und dadurch die Suchergebnisse einzuschränken. Die Eingabe der Suchkriterien wird dadurch etwas aufwendiger, aber Sie haben die Möglichkeit dies Kriterien in einer benutzerdefinierten Liste abzuspeichern und damit ohne Neueingabe für eine erneute Suche zu verwenden.

Abbildung 2-3: erweiterte globale Suche - Modulauswahl

Wählen Sie zuerst das Modul aus, in dem Sie suchen wollen. Danach wird Ihnen das nachfolgende Menü (Abbildung 2-4) gezeigt, welches Sie zum Eintragen der Filterbedingungen auffordert.

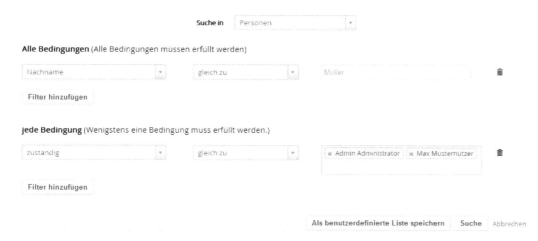

Abbildung 2-4: erweiterte globale Suche - Filtermenü

In dem Beispiel wird nach allen Personen im CRM gesucht, welche mit Nachnamen Müller heißen und für die der admin oder der Musternutzer als zuständig eingetragen wurde.

Bevor Sie jetzt die Suche ausführen lassen, überlegen Sie sich, ob Sie diese Suche später noch einmal durchführen werden. Wenn Sie das bejahen wäre es vielleicht nützlich das Suchergebnis als benutzerdefinierte Liste zu speichern. Der Nutzen und die Funktion von benutzerdefinierten Listen wird ausführlich im Kapitel 2.2.3.2 erläutert.

Klicken Sie auf **[Suchen]**, um die erweiterte Suche durchzuführen. Das Suchergebnis erscheint als Listenansicht von dem Modul, welches Sie für Ihre Suche ausgewählt hatten.

2.2.2 CRM Datenansichten

Für die Erfassung und der Ansicht Ihrer Daten stehen Ihnen die folgenden 5 Menütypen zur Verfügung:

- Listenansicht
- Erstellansicht
- Bearbeitungsansicht
- Detailansichten
- Bezogenen Listen

Für jede dieser Ansichten bestehen bestimmte Nutzungsmöglichkeiten und Regeln, die für alle Menüs gültig sind. Die Bedienung ist also im Prinzip immer gleich, egal ob Sie z.B. die Daten zu Personen erfassen, sich mit Firmendaten beschäftigen oder Aktivitäten erfassen. Jedoch gibt es in jedem Modul auch Besonderheiten, die nachfolgend in den entsprechenden Kapiteln erläutert werden.
Die nachfolgenden Beschreibungen beziehen sich auf das Modul Organisationen, sind aber sinngemäß für alle anderen Module anwendbar.

2.2.2.1 Listenansicht

Wenn Sie im Navigationsmenü auf den Namen eines Moduls klicken, kommen Sie immer zur Listenansicht für dieses Modul. Wie der Ansichtsname schon erwarten lässt, werden in dieser Ansicht Ihre Daten in einer Liste in Form einer Tabelle angezeigt.

In der Abbildung 2-5 sehen Sie beispielhaft die Listenansicht der Organisationen mit 3 Firmeneinträgen. Es ist leicht vorstellbar, dass so eine Liste bei hunderten oder tausenden Einträgen schnell unübersichtlich wird und das Heraussuchen eines Eintrages mühselig werden könnte. Damit das nicht so ist, werden in der Listenansicht Funktionen bereitgestellt, welche es ermöglichen den Inhalt der Listen an Ihre individuellen Bedürfnisse in Form von benutzerdefinierten Listen anzupassen. Ausführlich wird das im Kapitel 2.2.3.2 erläutert.

Abbildung 2-5: Ausschnitt Listenansicht Organisationen

Im oberen Bereich der Listenansicht können Sie folgende Operationen durchführen:

Name	Funktion
Aktionen:	Unter diesem Button werden Ihnen alle Aktionen gelistet, welche Sie mit allen **markierten** Daten aus Ihrer Liste gleichzeitig durchführen können. (Sie markieren einen Datensatz, indem Sie einen Haken in der Checkbox vor dem Eintrag in der Liste setzen.) Eine genaue Erklärung der einzelnen Aktionen wird Ihnen im Kapitel 2.2.3.1 gegeben.

Erstelle Organisation:	Mit diesem Button wechseln Sie zu der Erstellansicht und Sie können eine neue Organisation dem CRM hinzufügen.
Meine Ansicht (kurz):	In der Mitte werden Ihnen verschiedene Listenansichten gezeigt. Wie diese erstellt werden ist im Kapitel 2.2.3.2 erläutert.
1 bis 3	Hier werden Ihnen Icons zur Navigation innerhalb der Liste angeboten. Sie können über mehrere Seiten blättern oder auch direkt auf eine Seite springen.
	Dieses Icon steht nur CRM Administratoren zur Verfügung und dient der Konfigurierung des Menüs für alle CRM Nutzer.

Über Ihrer Liste der Organisationen gibt es noch eine alphabetische Liste und pro Spalte Eingabefelder, welche Sie nutzen können, um innerhalb Ihrer Liste nach Einträgen zu suchen.

Mit einem Klick auf das ✚ Icon rufen Sie über die Auswahl eines Modulnamen das s.g. Schnellmenü auf. Wie in der Abbildung 2-6 gezeigt, ist dabei die Anzahl der Eingabefelder begrenzt (Ihr CRM Administrator kann entscheiden welche das sind). Der Zweck dieses Menüs ist es, Ihnen eine schnelle Eingabemöglichkeit zu geben, ohne dass Sie das ggw. Menü verlassen müssen.

Abbildung 2-6: Schnellmenü

Erweiterte Navigation

Auf der linken Seite einer Listenansicht, sehen Sie noch ein wegklappbares Menü mit weiteren Navigationsoptionen, wie in Abbildung 2-7 gezeigt. Ob Sie dieses Menü standardmäßig angezeigt bekommen oder nicht, können Sie selbst entscheiden und im Menü **[Meine Einstellungen]** (siehe Kapitel 2.3.1) auswählen.

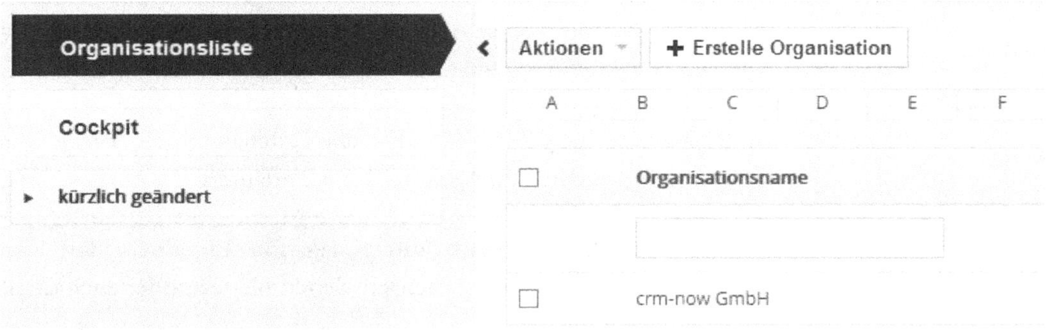

Abbildung 2-7: erweitertes Navigationsmenü

2.2.2.2 Erstellansicht

Einen neuen CRM Eintrag können Sie erzeugen, indem Sie aus der Listenansicht z.B. auf **[Erstelle Organisation]** klicken oder das Schnellmenü verwenden.

Es sollten von Ihnen nur die Informationen erfasst werden, die für Sie oder Ihr Unternehmen auch relevant sind.
Die Eingabefelder in dieser Ansicht fasst man unter dem Begriff **Stammdaten** zusammen. Beispielhaft sind in Abbildung 2-8 schon Einträge für die Stammdaten einer neuen Organisation vorgenommen worden.

Nicht relevante Eingabefelder oder Felder deren Bedeutung sich Ihnen nicht erschließen können frei bleiben oder von Ihrem Administrator entfernt werden. Nutzen mehrere Mitarbeiter aus Ihrem Unternehmen das CRM System gemeinsam, ist es sinnvoll, sich untereinander über die Benutzung von Eingabefeldern abzustimmen.

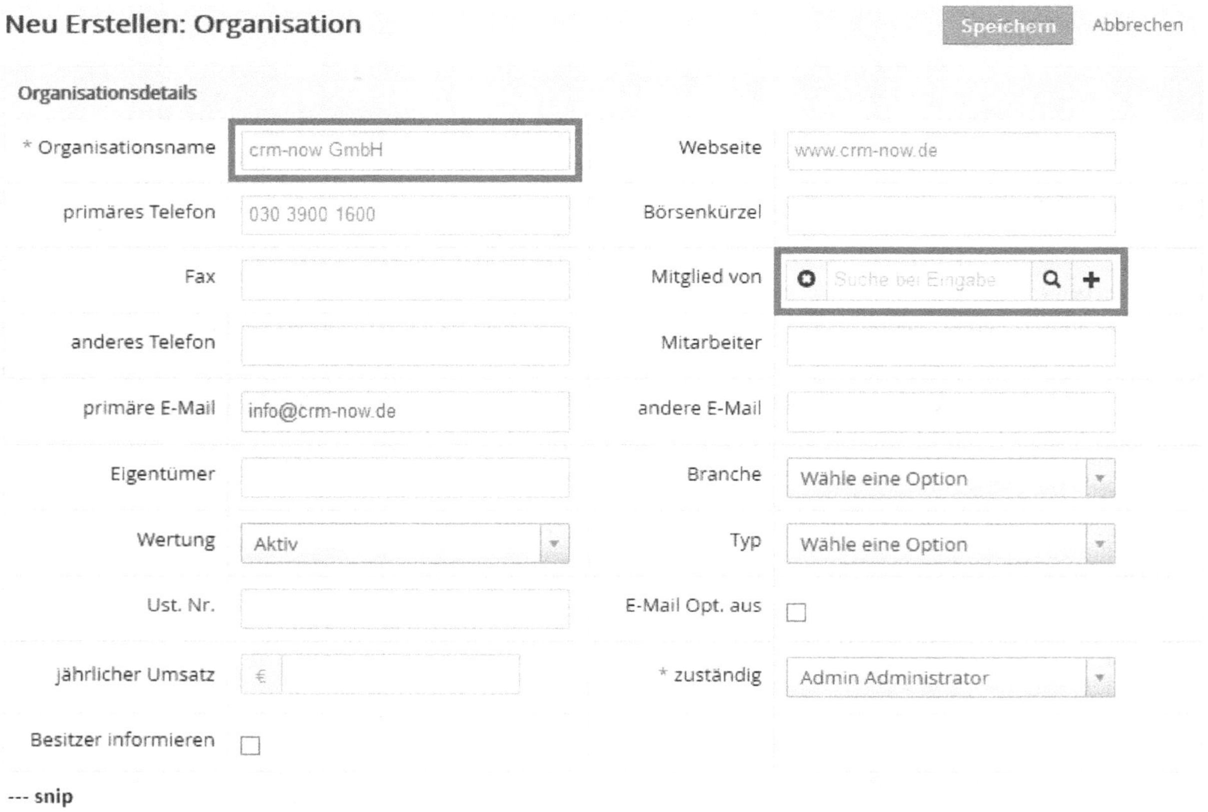

Abbildung 2-8: Erstellansicht (Ausschnitt)

Folgende Besonderheiten gibt es in dieser Ansicht:

Besonderheit	Beschreibung
Datensatznummerierung:	Jeder Datensatz im CRM erhält beim Erstellen automatisch eine Nummer. Diese kann der individuelle Nutzer nicht festlegen und dafür gibt es auch kein Eingabefeld. Vielmehr legt der CRM Administrator für jedes Modul ein Nummerierungsschema fest, welches dann beim Speichern verwendet wird. Sie sehen diese Nummer dann in der Detailansicht eines Datensatzes.
Pflichtfelder:	Pflichtfelder erkennen Sie durch den roten * beim Feldnamen. Datensätze für welche die Pflichtfelder nicht angegeben wurden, können nicht erstellt werden. Ihr CRM Administrator kann festlegen, welche Felder als Pflichtfelder gekennzeichnet werden.
Automatische Suche:	Für eine Reihe von Feldern durchsucht Ihr CRM während Sie tippen **ab dem 3. Zeichen** den existierenden Datenbestand und zeigt Ihnen Übereinstimmungen an. Das wird z.B. beim *Organisationsnamen* aus Abbildung 2-8 so gemacht, um zu verhindern, dass unnötig Duplikate erstellt werden.
bezogenen Felder:	Das Feld *Mitglied von* aus der Abbildung 2-8 ist ein Beispiel für ein s.g. bezogenes Feld. D.h. dass Sie in dem Feld keine direkten Eingaben machen können, sondern auf ein anderes Datensatz referenzieren, der eigenen Stammdaten hat. Wie bei der automatischen Suche können Sie bei einem solchen Feld einen existierenden Datensatz durch Eintippen suchen, Sie können aber auch über das ⌕ Icon einen Datensatz suchen, oder einen neuen Datensatz über das + Icon erstellen

Wenn Sie Ihre Daten eingegeben haben, klicken Sie **[Speichern]** um Ihre Daten an das CRM zu übertragen.

2.2.2.3 Bearbeitungsansicht

Eine Bearbeitungsansicht ist ähnlich einer Erstallansicht aufgebaut. Sie erreichen diese Ansicht, wenn Sie bei einem vorhandenen Dateneintrag auf **[Bearbeiten]** klicken. Hier wird Ihnen dann auch ggf. die automatisch vergebene Nummer des Datensatzes angezeigt.

2.2.2.4 Detailansicht

Die Detailansicht eines Datensatzes erreichen Sie z.B. indem Sie auf den Namen in einer Liste klicken oder eine der Suchoperationen verwenden. Beispielhaft wird Ihnen eine s.g. **kompakten Detailansicht** in Abbildung 2-9 gezeigt.

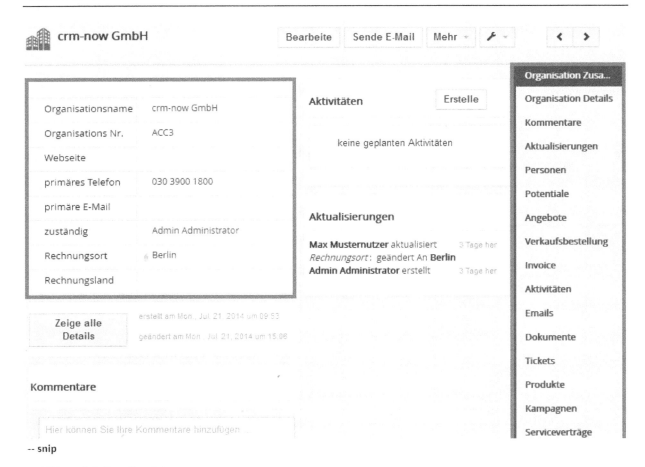

Abbildung 2-9: Detailansicht

Auf der linken Seite sehen Sie (eingerahmt), die Daten welche zur kompakten Detailansicht zugelassen wurden. Der Inhalt kann durch Ihren CRM Administrator festgelegt werden.

Auf der rechten Seite sehen Sie die s.g. **bezogenen Listen** welche im nächsten Kapitel noch näher erläutert werden. Diese bezogenen Listen enthalten alle Module zu denen Ihr CRM Eintrag in Beziehung steht. Also z.B. die Personen, die zu einer Organisation gehören oder die Angebote, welche Sie zu einer Organisation gemacht haben. Die Reihenfolge der Anzeige der bezogenen Liste kann ebenfalls durch Ihren CRM Administrator festgelegt werden.

2.2.2.5 Bezogene Listen

Als bezogenen Listen bezeichnet man Listen welche auf andere CRM Einträge oder Module referenzieren. Diese bezogenen Listen stehen Ihnen in den Detailansichten zur Verfügung. Ein entsprechendes Beispiel ist in Abbildung 2-9 zu sehen.

Diese Referenzen zu den anderen Modulen entstehen dadurch, dass es in den Stammdaten der anderen Module Einträge gibt, welche auf das aktuelle Modul zurückreferenzieren. Die Organisation in der o.g. Abbildung gibt es also auch als direktes Eingabefeld in den Stammdaten für Personen, Kommentare, Potentiale usw.
Bezogene Listen werden vom CRM automatisch für alle Einträge erzeugt, für die es Referenzen gibt.

In der nachfolgenden Abbildung 2-10 ist ein Beispiel für eine bezogene Liste zu sehen, welches durch ein Klicken auf die bezogene Personenliste in der Detailansicht einer Organisation entsteht.

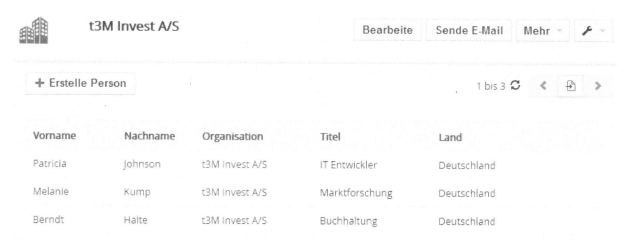

Abbildung 2-10: Beispiel für bezogenen Personenliste

Bezogenen Listen unterstützen also die strukturierte Datenablage in Ihrem CRM. Z.B. finden Sie der Detailansicht einer Organisation auch alle Angebote, welche Sie erstellt haben, Personen welche für diese Firma arbeiten oder Verkaufspotentiale usw.

Den Inhalt der Spalten in einer bezogenen Liste ist vom CRM vorgegeben.

2.2.3   Operationen in Listenansichten

Listenansichten sind die Standardansicht für jedes Modul. Für diese Listen bietet Ihnen das CRM eine Reihe von Aktionen, mit denen Sie den Datenbestand ändern oder die Daten für bestimmte Zwecke verwenden können.

Im Laufe der Zeit sammeln sich viele Daten im CRM an. Die Listen in den einzelnen Modulen werden immer länger und es besteht der Bedarf diese Listen ebenfalls zu strukturieren und Daten leicht für verschiedenen Verwendungszwecke zugänglich zu machen. Die nachfolgend erklärten benutzerdefinierte Listen sind dafür hervorragend geeignet.

2.2.3.1 Aktionen in Listenansichten

Das in der Abbildung 2-11 gezeigte Menü listet Ihnen die Aktionen, welche Sie in einer Listenansicht durchführen können. Der Inhalt dieser Liste richtet sich nach den vom CRM Administrator freigeschalteten Funktionen. Nachfolgend werden die typischen Aktionen erläutert.

Es gibt 2 Typen von Aktionen:

- Aktionen welche Sie mit den in der Liste markierten Datensätze ausführen können
- Aktionen welche den Datenbestand in Ihrem CRM verändern

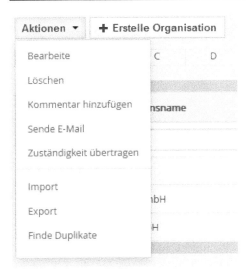

Abbildung 2-11: Aktionenmenü in Listenansichten

Datensatz verändernde Funktionen beziehen sich immer auf die Datensätze, welche Sie in einer Listenansicht sehen und welche Sie davon über die Checkbox am Anfang jeder Zeile markiert haben.

Tabelle 2-3: Datensatz verändernde Funktionen in Listenansichten

Aktion	Funktion
Bearbeite:	Diese Aktion ruft die Massenbearbeitung von den markierten Datensätzen auf. D.h. Sie können die Inhalte von Feldern in mehreren Datensätzen gleichzeitig ändern. In dem sich öffnenden Eingabemenü geben den neuen Inhalt an. Beim Speichern werden diese Felder dann in allen ausgewählten Datensätzen mit dem neuen Inhalt gefüllt.
Löschen:	Hiermit können Sie mehrere Einträge gleichzeitig löschen. Das funktioniert auch seitenübergreifend.
Sende E-Mail:	Hiermit können Sie eine E-Mail an die E-Mail Adressen versenden, welche bei den Datensätzen als primäre E-Mail Adresse hinterlegt wurden. Das CRM prüft nicht, ob E-Mail Adressen vorhanden sind. Folglich empfiehlt es sich, vorher eine benutzerdefinierte Ansicht zu erstellen, welche nur Kontakte auflistet, für die E-Mail Adressinformationen vorhanden sind.
Zuständigkeit übertragen	Jeder Datensatz hat einen CRM Nutzer als „Eigentümer". Dieser wird durch den Inhalt des Feldes **zuständig** definiert. Mit dieser Aktion können Sie die Zuständigkeit auf einen anderen CRM Nutzer übertragen. Neben dem aktuellen Modul, können Sie bei der Aktion in dem sich öffnenden Eingabefenster auch die Zuständigkeit für Einträge in anderen Modulen mit ändern, die mit den ausgewählten Datensätzen in Verbindung stehen. Also z.B. für die ausgewählten Einträge bei Organisationen auch die damit verbundenen Verkaufspotentiale und Angebote einem andern CRM Nutzer übergeben.

Datenbestand verändernde Funktionen sind unabhängig von Ihrer Listenansicht. D.h. Sie verlassen beim Aufruf einer solchen Aktion die Listenansicht um zu den entsprechenden Spezialmenüs zu kommen.

Tabelle 2-4: Datenbestand verändernde Funktionen in Listenansichten

Aktion	Funktion
Import:	Diese Aktion ruft Menüs auf, mit denen Sie Daten in das CRM importieren können. Das Verfahren und die verschiedenen Möglichkeiten werden im Kapitel 3.1 ausführlich erläutert.
Export:	Mit dieser Aktion können Sie Daten im CSV Format exportieren. Die genaue Prozedur ist im Kapitel 0 erläutert. Es werden immer alle Daten eines Datensatzes exportiert. Wenn Sie daran interessiert sind, die zu exportierenden Daten auszuwählen, empfiehlt es sich den Export über Berichte durchzuführen, siehe Kapitel 4.2.3.
Finde Duplikate:	Mit dieser Aktion rufen Sie Menüs auf, mit deren Hilfe Sie Duplikate im CRM finden und entfernen können. Die Duplikatssuche ist im Kapitel 4.1.2 ausführlich erläutert.

2.2.3.2 Benutzerdefinierte Listen

Benutzerdefinierte Listen sind eines der wichtigsten Hilfsmittel im CRM.

Erstellen Sie benutzerdefinierte Listen für kritische Prozesse, um sofort zu erkennen, wenn sich etwas verändert hat. So kann sich z.B. ein Vertriebsmitarbeiter mit einem Blick darüber informieren, an welchen kritischen Aufgaben der Service arbeitet; ein Manager sieht, welche Fortschritte der Vertrieb macht; ein Servicemitarbeiter kann sehen, wenn das Unternehmen neue Kunden gewonnen hat, usw.

Darüber hinaus können im Laufe der Zeit Ihre Listen ja sehr umfangreich und damit ggf. schwer überschaubar werden und der verfügbare Platz auf dem Bildschirm ist auch begrenzt.

Es ist daher zweckmäßig und in der Regel auch notwendig, dass die individuellen CRM Nutzer die Anzeige der Listen an die eigenen Bedürfnisse anpassen.

Dazu kann jeder Nutzer individuelle, s.g. benutzerdefinierte Listen erzeugen. Diese können bei Bedarf auch den anderen Nutzern zur Verfügung gestellt werden. Das CRM System gibt Ihnen vielfältige Möglichkeiten die Listen nach Ihren Kriterien zusammenzustellen. Damit haben Sie ein sehr effektives Mittel um größere Datenmengen zu überschauen, automatisch auf Veränderungen hingewiesen zu werden oder spezielle Daten zur weiteren Verwendung auszusuchen.

Jeder CRM Nutzer kann eine unbegrenzte Anzahl von individuellen Listenansichten erstellen.

Bedien- oder Denkfehler in der Listenzusammenstellung können jedoch zu unerwarteten Ergebnissen führen. Ungeübten Nutzern ist es daher zu empfehlen, mit einfachen Listen zu beginnen, auf komplexe logische Filter weitgehend zu verzichten und die Ergebnisse sorgfältig zu überprüfen.

Individuelle benutzerdefinierte Listen erstellen

Am Beispiel der Organisationsliste soll hier beschrieben werden, wie Sie selbst zusammenstellen können, was in dieser Liste angezeigt werden soll. Sinngemäß ist das für alle anderen Listen übertragbar.

Für eine individuelle Listenansicht können Sie folgenden Parameter selbst bestimmen:

1. den Inhalt der Spalten in der Liste (was gezeigt werden soll),
2. den Zeitraum, in dem Daten erzeugt oder verändert worden sind,
3. verschiedene logische UND und ODER Funktionen zwischen Daten, die im CRM abgelegt sind.

Um eine neue Listenansicht zu erstellen klicken Sie im Feld „Alle Organisationen" auf **[erstelle neuen Filter]** wie in der Abbildung 2-12 zu sehen.

Abbildung 2-12: Neue Listenansicht erstellen

In dem sich öffnenden Browserfenster, wie in der Abbildung 2-13 zu sehen, definieren Sie Ihre neue Listenansicht.

Erzeuge eine neue Ansicht

Basisdetails :

* Ansichtename   ☐ als Standard   ☐ auf Startseite anzeigen   ☐ öffentlich machen

wähle Spalten und Reihenfolge (Max. 12) :

weitere Spalten hinzufügen

wähle Filterbedingungen :

Alle Bedingungen (Alle Bedingungen müssen erfüllt werden)

Filter hinzufügen

Jede Bedingung (Wenigstens eine Bedingung muss erfüllt werden.)

Filter hinzufügen

Speichern   Abbrechen

Abbildung 2-13: Erstellen einer benutzerdefinierten Liste - Erstellansicht

Für die Definition einer neuen Listenansicht wird folgende Vorgehensweise empfohlen:

1. Geben Sie Ihrer Liste einen eindeutigen Namen.
2. Wählen Sie die Spalten aus. Denken Sie daran, dass viele Spalten auch mehr Platz auf dem Bildschirm benötigen.
3. Wählen Sie Ihre Filterbedingungen. Dabei können Sie wählen, ob Ihre Bedingung alle zutreffen sollen (logische UND Verknüpfung), oder ob ein Datensatz angezeigt werden soll, wenn jede der eingebenden Bedingungen zutrifft (logische ODER Verknüpfung).

Eine Liste können Sie als Standardliste zur Anzeige im Menü festlegen, indem Sie die Checkbox – **[als Standard]**, markieren.

Wenn Sie das Ergebnis der logischen Verknüpfungen auf Ihrer Startseite sehen wollen, markieren Sie die Checkbox auf der **[auf Startseite anzeigen]**.

Über die Checkbox **[öffentlich machen]** können Sie Ihre Listenansicht auch anderen CRM Nutzern zur Verfügung stellen. Dabei werden bei den anderen Nutzern die entsprechenden Listeninhalte der gegeben Rechte angezeigt.

Bevor eine von Ihnen erzeugt Liste aber für die anderen Nutzer bereit steht, muss die Ansicht erst vom CRM Administrator durch einen Klick auf das Häkchen freigeschaltet werden. Das ist in der Abbildung 2-14 illustriert. Erst nach einer Bestätigung der Listenansicht durch den CRM Administrator, steht diese Liste auch den anderen CRM Nutzern zur Verfügung.

Abbildung 2-14: Benutzerdefinierte Listenansicht bestätigen

Individuelle benutzerdefinierte Listen bearbeiten oder löschen

Wolle Sie eine Ihrer eigenen benutzerdefinierten Listen bearbeiten oder löschen, fahren Sie mit der Maus über den Namen Ihrer Ansicht. Wie in Abbildung 2-15 gezeigt, erscheinen dann in der Zeile hinter Ihrem Namen zwei Icons.

Mit dem ersten Stift-Icon rufen Sie die Bearbeitungsansicht Ihrer Liste auf. Mit dem zweiten Icon löschen Sie Ihre benutzerdefinierte Listenansicht (lässt sich nicht mehr rückgängig machen).

Abbildung 2-15: Benutzerdefinierte Ansicht bearbeiten oder löschen

Benutzerdefinierte Listen auf der Startseite

Auf der Startseite haben Sie ein Widget (siehe Kapitel 2.2.1.1), welches - **benutzerdefinierte Listen** - genannt wird.

Den Inhalt dieses Widgets können Sie sich selbst zusammenstellen indem Sie in Ihrer benutzerdefinierten Ansicht ein entsprechendes für Häkchen „auf Startseite anzeigen" setzen (siehe Abbildung 2-13).

Die in dem Widget angezeigte Zahl ergibt sich aus den Kriterien, die bei den benutzerdefinierten Ansichten gesetzt wurden. Im Ergebnis kann man sich z.B. anzeigen lassen:

- Die Anzahl von Verkaufsaktivitäten in der Abschlussphase.
- Die Anzahl von offenen Tickets für einen Kunden.
- Die Anzahl der abgeschlossenen Geschäfte in der laufenden Woche/Monat/Jahr.
- Die Anzahl der versendeten Angebote.
- u.v.a.m. Die Möglichkeiten für eine benutzerdefinierte Liste sind praktisch nur durch die Möglichkeiten bei der Listengenerierung zum Erzeugen von logischen Verknüpfungen begrenzt.

2.3 Spezialmenüs

Im CRM gibt es eine Reihe von Menüs, deren Aufbau und Funktion von den in den vorhergehenden Kapiteln beschriebenen allgemeine Regeln abweichen.

2.3.1 Meine Einstellungen

In diesem Menü werden jedem individuellen CRM Nutzer Möglichkeiten angeboten, einige Darstellungen im CRM anzupassen und Präferenzen zu setzen.

Wenn Sie im Login Bereich auf den Namen des CRM Nutzers klicken, öffnet sich eine Auswahlliste über welche Sie das Menü **Meine Einstellungen** erreichen.

Klicken Sie den **[Bearbeiten]** Button um Ihre Einstellungen zu verändern. Alternativ können Sie auch mit der Maus über ein Eingabefeld fahren und dann auf Bearbeiten klicken, um den Eintrag zu verändern.

Die meisten Eingabefelder sind sicher selbsterklärend - aber es gibt einige spezielle Felder, deren Bedeutung im Folgenden erläutert wird.

CRM Passwort:

Jeder Nutzer kann und sollte sein eigenes Passwort festlegen. Es wird empfohlen, das Passwort häufig zu wechseln.

Ihren Nutzernamen können Sie nicht ändern. Das kann aber durch den CRM Administrator gemacht werden.

Nutzername und Passwort müssen eine Kombination von großen und kleinen Buchstaben und Zahlen sein. **Das Passwort sollte mindestens 8 Stellen haben.** Je mehr Stellen Ihre Zugangsdaten haben, umso sicherer sind diese. Die Benutzung von Sonderzeichen, mit Ausnahme des "-" Zeichens, als auch Umlaute (Ä, Ö, Ü) oder ß sind nicht zulässig.

Meine Einstellungen
Details des folgenden CRM Nutzers ansehen "**Max Musternutzer**"   Passwort ändern   Bearbeiten

Abbildung 2-16: Nutzerpasswortes ändern

Klicken Sie auf **[Passwort ändern]**.

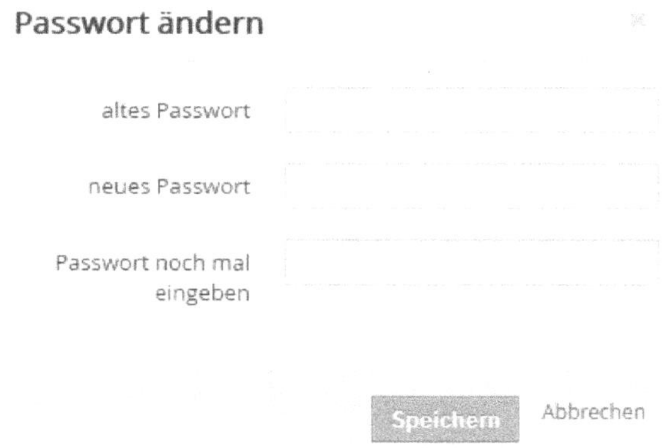

Passwort ändern

altes Passwort

neues Passwort

Passwort noch mal eingeben

Speichern   Abbrechen

Abbildung 2-17: Menü zur Änderung des Nutzerpasswortes

In dem sich öffnenden Fenster müssen Sie Ihr altes und 2-mal Ihr neues Passwort eingeben. Klicken Sie **[Speichern]** um dem CRM das neue Passwort mitzuteilen.

Ihr Passwort wird aus Sicherheitsgründen nie gespeichert. Das CRM speichert das Ergebnis von s.g. Hashfunktionen um eingegebene Passwörter zu vergleichen.

Das bedeutet, dass bei Verlust Ihres Passwortes niemand irgendwo nachschauen kann und ein neuen Passwort vergeben werden muss. Ihr CRM Administrator ein neues Passwort erstellen, ohne Ihr altes Passwort zu kennen.

CRM Nutzer Login und Rolle:

Abbildung 2-18: Meine Einstellungen - Nutzerlogin und Rolle

Das markierte Feld in Abbildung 2-18 zeigt die Rolle des Nutzers an, der sich eingeloggt hat. Die Rolle bestimmt, welche Rechte ein Nutzer im CRM hat und welche Funktionen ein Nutzer benutzen kann. Diese wird durch den CRM Administrator festgelegt und kann durch Nutzer nicht geändert werden.

Kalendereinstellungen:

In diesem Block kann jeder CRM Nutzer seine Voreinstellungen für den CRM Kalender festlegen.

Abbildung 2-19: Meine Einstellungen - Kalendereinstellungen

Die markierten Felder in Abbildung 2-19 haben folgende Bedeutung:

Popup Erinnerungsinterval:	Unerledigte Ereignisse oder Aufgaben können zum Fälligkeitstermin (Uhrzeit) im Browser ein Popup erzeugen, welche den CRM Nutzer an diesen Termin erinnert.
erledigte Ereignisse verbergen:	Hier können Sie einstellen, ob erledigte Ereignisse im Kalender noch angezeigt werden sollen.

Währungs- und Zahlenfeldeinstellungen

Individuelle Wünsche zur Darstellung von Zahlen und Währungen im CRM werden in diesem Menü vorgenommen. Wie in Abbildung 2-20 gezeigt, können Sie u.a. auch entscheiden, ob die Ziffern 0 nach dem Komma angezeigt werden sollen.

Abbildung 2-20: Meine Einstellungen - Währungen und Zahlen

Mehr Informationen:

Abbildung 2-21: Meine Einstellungen - Mehr Informationen

Die markierten Felder in Abbildung 2-21 haben folgende spezielle Bedeutung:

Signatur:	Hier geben Sie die Signatur an, die an jede E-Mail aus dem CRM System **automatisch** angehängt wird. Sie können diese Unterschrift mit HTML Tags formatieren.
internes E-Mail Programm:	Hier legen Sie fest, ob Sie beim Erstellen einer E-Mail, das E-Mail Programm des CRM Systems oder das E-Mail Programm auf Ihrem Computer benutzen.
Standardansicht:	Die Angabe bezieht sich auf die Detailansicht eines Datensatzes. Hier legen Sie fest, ob Sie in einer Detailansicht standardmäßig die Stammdaten vollständig angezeigt haben wollen, oder ob Ihnen eine zusammenfassende Darstellung ausreicht.
Zeilenhöhe:	Hier können Sie die Zeilenhöhe Ihrer Darstellungen im Browser verändern.
CRM Telefon Durchwahl:	Wenn Sie das CRM mit einer (Asterisk) Telefonanlage verbunden habe, könne Sie hier Ihre Durchwahl Telefonnummer angeben.
Linke Navigations- leiste verbergen	Die Angabe bezieht sich ebenfalls auf die Detailansicht eines Datensatzes. Sie können, wie in Abbildung 2-22 beispielhaft für Organisationen gezeigt, das linke Menü ausblenden und nur bei Bedarf aufrufen.

Abbildung 2-22: linke Navigationsleiste in Detailansichten

Abbildung 2-23: Meine Einstellungen - Optionen und Tag Cloud

Das Feld für den **Zugangsschlüssel** zeigt Ihnen eine Identifikationsnummer an, die durch CRM Erweiterungen, wie z.B. dem Outlook Plugin, genutzt wird und durch Sie nicht geändert werden kann. Optional können Sie auch die Anzeige der Tag Cloud zu- oder abschalten.

2.3.2 Schnellmenü

Das Schnellmenü erlaubt es, schnell einen neuen Datensatz anzulegen. Klicken Sie das **+** Icon, welches Sie in jeder Ansicht auf der rechten Seite unterhalb des Navigationsbereichs sehen. In der sich öffnenden Auswahlliste können Sie das CRM Modul auswählen zu dem Sie einen Eintrag machen wollen. Danach öffnet sich ein Fenster zur Eingabe. Die Module und die darauf bezogenen Daten wie sie im Schnellmenü zur Verfügung gestellt werden, kann im Modul Manager eingestellt werden, siehe Kapitel 5.3.5.

2.3.3 RSS

RSS ist ein plattformunabhängiges Format und wurde entwickelt, um Nachrichten und andere Web-Inhalte unkompliziert auszutauschen. Die Abkürzung RSS steht dabei für „Really Simple Syndication". Mit einem RSS-Newsfeed können Sie Webseiten schnell und effektiv auf aktuelle Inhalte prüfen, ohne diese mitsamt

Grafiken und Bannern direkt besuchen zu müssen. Der RSS-Reader im CRM liest die abonnierten Newsfeeds und meldet Ihnen neue Einträge. So haben Sie alle Aktualisierungen einer Webseite jederzeit im Überblick.

Der im **[RSS]** Menü integrierte RSS Reader stellt Ihnen die Überschriften und Kurztexte der neuesten Inhalte zur Verfügung und Hyperlinks führen zu den Volltexten der Meldungen. Interessiert Sie ein neuer Artikel, klicken Sie ihn einfach an, um ihn im Browser zu öffnen.

Eine Webrecherche unter dem Stichwort „RSS" führt Sie schnell zu einer großen Anzahl von Sammlungen und Übersichten über Feeds, Reader und praktischen Tipps zur Nutzung von RSS-Nachrichten.

Jeder Feed hat eine eigene Adresse, ähnlich der einer Internetseite. Diese Adresse müssen Sie in Ihren RSS Reader im CRM eintragen. Die Adressen der Feeds können Sie in der Regel bequem kopieren: Klicken Sie mit der rechten Maustaste auf das XML-Symbol Ihres Wunschfeeds. In der darauf folgenden Auswahl gehen Sie auf **[Verknüpfung kopieren]**. In Ihrem RSS-Reader im CRM fügen Sie die Adresse dann an entsprechender Stelle ein (**[Strg+V]**, auf einigen Tastaturen auch **[Ctrl+V]** für Windows Computer). Klicken Sie dazu auf **[RSS Quelle hinzufügen]**, wie in gezeigt.

Abbildung 2-24: RSS- Menü

Sie haben nun den Feed abonniert und sehen den aktuellen Stand in der CRM RSS Übersicht.
Sie können eine beliebige Anzahl von RSS Seiten hinzufügen und eine Ansicht auswählen, um diese als Standardansicht zu setzen.

2.3.4 Unsere Seiten

Das CRM Portal gibt Ihnen im **[Unsere Seiten]** Menü die Möglichkeit Webseiten, die von allgemeinen Interesse für das Unternehmen sind, im CRM zu erfassen. Nutzen Sie das z.B. um Ihre Kunden oder Mitbewerber zu beobachten oder mit Ihrem Lieferanten oder Ihrer Spedition zu kommunizieren.

Abbildung 2-25: Unsere Seiten Menü

Um eine Webseite zu sehen, müssen Sie zuerst ein Lesezeichen hinzufügen. Die Benutzung der Menüs folgt den allgemeinen Regeln und ist sicher selbsterklärend.

2.3.5 Dokumente

Unter dem Begriff Dokumente werden im CRM alle digitale Dateien oder Notizen verstanden, die Sie im CRM, auch in Referenz zu anderen Einträgen, ablegen möchten.

Dokumente können im CRM auf mehrere Datensätze referenzieren. D.h. wenn Sie ein Dokument haben, was mehreren CRM Einträgen über die bezogenen Listen zugeordnet werden soll, so brauchen Sie das nur einmal im Dokumentenverzeichnis ablegen. Der Bezug wird nicht im Dokument sondern in den bezogenen Listen bei den jeweiligen Datensätzen hergestellt.

Das CRM wird mit einem Standardverzeichnis für Ihre Dokumente ausgeliefert. Um Ihre Dokumente zu sortieren können und sollten Sie über die Listenansicht weitere Verzeichnisse hinzufügen. Diese Verzeichnisse werden dann genutzt um Ihre Dokumente nach Inhalten zu sortieren. So z.B. ist es sicher sinnvoll ein Verzeichnis für Angebote, oder ein Verzeichnis für Firmendokumente zu haben. Leere Verzeichnisse werden in der Ansicht verborgen.

Um ein neues Dokument, wie in der Abbildung 2-26 zu erzeugen, klicken Sie z.B. im **Dokumente** Menü auf **[Dokument hinzufügen]**.

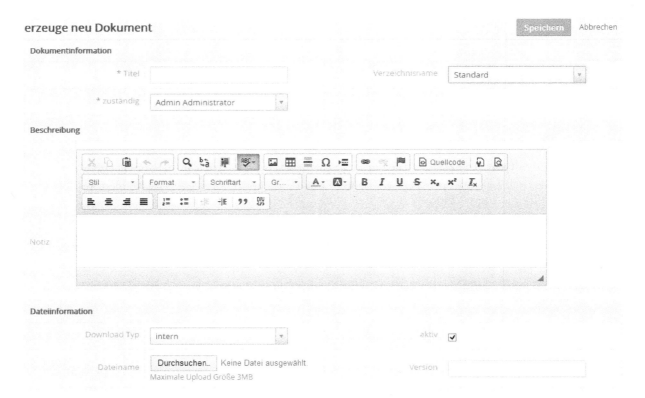

Abbildung 2-26: Erstellansicht Dokumente

Sie müssen jedem Dokument einen eindeutigen Namen geben und das Verzeichnis auswählen in dem das Dokument gespeichert werden soll. Beim Erstellen können Sie zwischen 3 verschiedenen Dokumententypen wählen:

- **einfache Texteingabe:** Nutzen Sie das **Beschreibung** Notiz um Textinformationen einzugeben.
- **Datei:** Im Auswahlfeld **Download Typ** wählen Sie **Internal**. Danach können Sie von Ihrem Computer oder Netzwerk eine Datei auswählen, welche Sie im CRM speichern möchten. Diese Datei steht Ihnen nach dem Speichern zum Download aus dem CRM zur Verfügung, wenn die Checkbox **[aktiv]** markiert worden ist.

- **Externe Quelle:** Im Auswahlfeld **Download Typ** wählen Sie **Extern**. Geben Sie danach die Web oder LAN URL für einen Dokumentenzugang in das Feld **Dateiname** ein.

2.3.6 Papierkorb

In den meisten Fällen empfiehlt es sich nicht, Daten aus dem CRM zu löschen. Schließlich hatten Sie viel Mühe gehabt die Daten zu erfassen und man kann ja nie wissen, ob und wann man diese nochmal braucht. Löschen Sie Daten aus Versehen oder mit Absicht, so steht Ihnen im CRM ein Papierkorb, ähnlich wie der auf Ihrem Computer, zur Verfügung aus dem Sie Ihre Daten wieder herstellen können.
Öffnen Sie dazu das **[Papierkorb]** Menü und wählen Sie das CRM Modul aus dem die Daten stammen, die Sie gelöscht hatten. Alle gelöschten Einträge werden angezeigt.

Unabhängig davon, sollte der Inhalt des Papierkorbes von CRM Administrator regelmäßig geprüft werden. Gibt es zu viele Daten im Papierkorb, kann es u.U. schwierig sein, einen Eintrag zu finden. Der Administrator hat deshalb die Möglichkeit den Inhalt des Papierkorbes zu löschen.

Löschen Sie Daten aus dem Papierkorb, so werden diese endgültig aus dem CRM entfernt. Beim Löschen, werden immer alle Daten aus dem Papierkorb gelöscht, also auch die von den Modulen, die Sie nicht ausgewählt haben!

2.3.7 Organisationshierarchien

Wenn Sie es mit Unternehmen zu tun haben, die über mehrere Standorte verteilt sind oder mit Niederlassungen arbeiten, kann es sinnvoll sein, die Hierarchien im CRM abzubilden. Sie können dazu das Eingabefeld *Mitglied von* benutzen, wie in Abbildung 2-27 gezeigt.

Abbildung 2-27: Organisationshierarchien in Detailansicht

Klicken Sie auf **[Organisationshierarchie]** um eine Übersicht, über die verbundenen Unternehmen zu erhalten, wie in der Abbildung 2-28 dargestellt.

Abbildung 2-28: Hierarchieanzeige

3 Erfassen von Daten im CRM

Das CRM System gibt Ihnen vielfältige Möglichkeiten, Daten aus Ihrem Geschäftsbetrieb zu erfassen, zu verarbeiten und anzuzeigen. Dazu zählen:

- ein Kontaktmanagement für Kunden, Lieferanten oder anderen Beziehungen sowohl für Einzelpersonen, Unternehmen oder Gruppen
- ein zeit- und prioritätengesteuertes Aktivitäten-Management
- eine vollständige Begleitung des Verkaufsprozesses, vom ersten Kontakt zu einem möglichen Kunden bis hin zur Rechnungsstellung und nachfolgenden Service
- ein Produkt und Dienstleistungskatalog mit Preislisten

Sie müssen entscheiden, was für Sie relevant ist und was Sie nutzen wollen. In den folgenden Kapiteln werden die Funktionen und die Erfassung der Daten sowie ihre automatische Verarbeitung und ihre Darstellung ausführlich beschrieben.

3.1 Datenimport und Datenexport

Die Import und Export Funktionen des CRM ermöglichen es Ihnen, Daten zwischen Ihren Büroanwendungen und dem CRM auszutauschen. So können Sie z.B. die CRM Daten auf Ihrem Computer weiter verarbeiten oder existierende Daten in Ihr CRM übernehmen.

In der Regel wird man zur Einführung eines CRMs für das Unternehmen bemüht sein, die vorhandenen Daten über Kunden und Geschäfte, die s.g. **Bestandsdaten**, im CRM bereitzustellen.
Ihnen stehen dazu die Import Funktionen in verschiedenen CRM Modulen, wie z.B. Personen, Organisationen, Leads, Lieferanten, Produkte und Potentiale zur Verfügung.

Ein Import von Bestandsdaten erfordert einige Vorbereitungen und wird hinsichtlich des zeitlichen Aufwandes und des erforderlichen technischen Sachverstandes oft unterschätzt. Im Folgenden werden Ihnen darum Hinweise gegeben, worauf Sie zu achten haben, wie Sie Ihre Daten aufbereiten sollten und wie Sie dann letztlich die Daten in das CRM importieren.

3.1.1 Datenformat für Importe

Das CRM verlangt, dass Ihre zu importierenden Daten im sogenannten CSV Format oder als VCF Datei vorliegen.

Eine CSV Datei ist eine Text-Datei, die tabellarisch strukturierte Daten enthält und vorrangig zum Datenaustausch verwendet wird. Das Kürzel „CSV" steht dabei für „Character Separated Values" oder „Comma Separated Values", weil die einzelnen Werte durch ein spezielles Trennzeichen getrennt werden. Dieses Dateiformat wird von zahlreichen Anwendungen im Bürobereich unterstützt. Ein offizieller Standard für dieses Dateiformat existiert jedoch nicht.

Eine VCF Datei ist ebenfalls eine Text-Datei. Der Aufbau von VCF Dateien ist komplex und soll hier nicht erläutert werden. Sie können solche Dateien durch Exporte aus verschiedenen Programmen, z.B. aus Outlook ™ erzeugen. Dabei müssen Sie jedoch auf Folgendes achten:

- Sie müssen die Daten im UTF-8 Zeichenformat exportieren
- Sie müssen sicher stellen, dass es in diesen Daten alle Informationen gibt, die Sie im CRM benötigen (wie z.B. Pflichtfelder und Auswahllisteninhalte)

Letzteres ist sicher nur selten der Fall und aus diesem Grund ist diese Import Option nur Ausnahmefällen anwendbar. Es wird deshalb empfohlen, diese Option nur dann zu nutzen, wenn Sie sich mit VCF Dateien auskennen. Sinngemäß gelten die nachfolgend beschriebenen Regeln auch für diesen Dateityp. Alternativ könnte man auch das Outlook Plugin benutzen um Daten direkt von dort zu importieren.

Wenn Sie Ihre Daten für einen Import vorbereiten, **müssen** Sie bei der Nutzung des CSV Formats folgende Regeln beachten:

1. Alle Felder werden durch Kommas oder Semikolons getrennt und müssen mit doppelten Anführungsstrichen eingeschlossen werden.
2. Alle Datensätze müssen die Pflichtfelder enthalten. (z.B. Nachname und Organisation bei Leads)
3. Felder mit führenden Leerzeichen sind nicht erlaubt.
4. Felder, die Anführungsstriche enthalten, sollten vermieden werden. Wenn Sie diese benutzen, müssen diese in doppelte Anführungsstriche eingeschlossen werden.
5. Zahlen werden ohne tausender Trennzeichen eingegeben, wie z.B. 3800 an Stelle von 3.800.
6. Angaben für ein Datum müssen im folgenden Format gemacht werden, Jahr-Monat-Tag Stunde:Minute:Sekunde, wie z.B.: 2008-01-07 00:00:00
7. Sie müssen alle Felder für Auswahllisten bei jedem Import mit einem Inhalt versehen. Diese sind also Pflichtfelder für den Import. Dieser Inhalt muss zuvor im CRM zur Auswahl bereit stehen. Ggf. ergänzen Sie den Inhalt mit Hilfe des Auswahllisten Editors und tragen in die entsprechende Spalte --ohne-- ein.
8. Angaben für Multi-Auswahl Boxen (benutzerdefinierte Felder) müssen durch die folgende Zeichenfolge getrennt werden: |##|, wie Z.B: „Amerika |##| Europa". Diese Felder sind ebenfalls Pflichtfelder für einen Import. Der Inhalt muss ebenfalls zuvor im CRM zur Auswahl bereit stehen. Haben Sie dafür keine Daten zu importieren, tragen Sie in die entsprechende Spalte --ohne-- ein.
9. Angaben für Check Boxen müssen wie folgt importiert werden: 1 für Ja, 0 für Nein
10. Die erste Zeile in Ihrem Datensatz sollte Spaltenüberschriften (Feldnamen) enthalten. Vermeiden Sie Umlaute, ß o.ä. in dieser Zeile.
11. E-Mail Adressen müssen eine gültiges Format haben (also z.B. immer ein @ Zeichen enthalten)
12. Angaben für www Adressen erfolgen ohne http://
13. Angaben für Telefonnummern sollten immer nur aus Ziffern und dem – Zeichen bestehen. Vermeiden Sie Klammern, # oder andere Schriftzeichen, damit Sie ggf. auch über Ihren Computer telefonieren können.

Hier ist ein Beispiel. Jede Zeile repräsentiert einen Datensatz.

```
"Unternehmensname", "Strasse", "Ort", "PLZ", "Telefonnummer", "Land"
"Muster AG","Musterstraße1","Musterort","12345","030 3900- 1800","Deutschland"
"Muster AG","Beispiestraße1","Beispielort","55555","","Schweiz"
```

Wenn Sie nicht alle Details für jeden Datensatz zur Verfügung haben, können Sie die entsprechende Spalte, außer für Auswahllisten und Pflichtfelder, auch freilassen. Sie müssen jedoch das leere Feld mit doppelten Anführungsstrichen einschließen, wie es in dem Beispiel für die fehlende Telefonnummer in Zeile 3 gezeigt wird.

Das CRM System benutzt intern den UTF-8 (Unicode kompatiblen) Zeichensatz. Unicode ist ein industrieller Standard, welches Computern erlaubt Text aus allen Schriftsprachen dieser Welt zu verarbeiten.

Sie können dadurch auch Zeichen importieren, die es nicht im deutschen Alphabet gibt, wie z.B. in CITROËN. Im Anhang A finden Sie Hilfe Informationen zu diesem speziellen Zeichensatz.

Importieren Sie immer die Inhalte von **allen** Auswahllisten und Ihren benutzerdefinierten Felder mit, auch wenn diese leer sind. Nur so können Sie sicherstellen, dass deren Dateninhalt definiert ist. Sie brauchen definierte Dateninhalte, wenn Sie Ihre benutzerdefinierten Felder mit den Filterfunktionen in Listenansichten oder Berichten benutzen wollen.

Überprüfen Sie Ihre Daten vor dem Import nochmal an Hand der Checkliste aus diesem Kapitel oder nutzen Sie die Verfahren aus dem nächsten Kapitel.

3.1.2 Hinweise für das Erstellen einer CSV Datei

Wie schon erwähnt, gibt es für das Format einer CSV Datei keinen Standard. Sie müssen sich also an die Vorschriften halten, welche im vorhergehenden Kapitel beschrieben worden sind. Im Folgenden werden Ihnen deshalb ein paar Hinweise gegeben, wie man für den Import geeignete Daten in einer Büroumgebung erzeugen kann.

In einem Büro stehen i.d.R. Tabellenkalkulationsprogramme, wie Excel™ (Windows™), Numbers ™ (Mac), oder Calc ™ (Open Office ™) zur Verfügung. Jedes dieser Programme kann Daten im CSV Format exportieren, aber nur Calc kann selbst das vom CRM erforderte Format herstellen. Versuchen Sie deshalb **nicht** CSV Daten, welche Sie direkt aus Excel oder Numbers erstellt haben in das CRM zu **importieren**!

Sie können aber diese Tabellenkalkulationsprogramme durchaus dafür nutzen, Ihre Daten für den Import **vorzubereiten**.

Im Folgenden werden deshalb einige Schritte zur Vorbereitung an Hand von Excel™ vorgeschlagen, welche sinngemäß auch für alle anderen Tabellenkalkulationsprogramme gelten.

Angenommen, Sie haben eine Excel™ Datei, welche Ihre Bestandsdaten für Kontakte zu Firmen und Organisationen enthält.

Schritt 1: Import Modul festlegen

Wie Sie ja bereits wissen, werden Personen und Organisation im CRM in getrennten Modulen gespeichert. Folglich brauchen Sie auch für jedes dieser Module eine eigene Import Datei. Sie müssen also aus Ihrer einzelnen Excel™ Datei zwei neue Excel™ Dateien machen, wobei die eine Datei die Informationen enthält, die Sie bei Organisationen importieren wollen und die zweite Datei die Personeninformationen bereitstellt. Achten Sie darauf, dass Sie auch bei den Personen ein Feld für die Organisation haben, um die dann beim Import zuordnen zu können.

Schritt 2. Kontrolle der Daten:

Sie müssen sich die Mühe machen und Ihre Daten manuell kontrollieren und gegebenenfalls korrigieren. In den seltensten Fällen sind Ihre Bestandsdaten unverändert für den Import in das CRM System tauglich. Die Daten im CRM werden nur so gut wie Ihre Vorlage sein. Falsche Einträge lassen sich hinterher nur aufwändig im CRM System entfernen.

Jede Spalte in Excel entspricht einem Eingabefeld in Ihrem CRM. Stellen Sie darum sicher:

- Das jede Spalte eine Spaltenüberschrift bekommt (Regel 10 aus dem vorhergehenden Kapitel)
- Sie je eine Spalte für alle Pflichtfelder haben (Regel 2)
- Sie je ein Spalte für alle Auswahllisten haben (Regel 7)

Darüber hinaus müssen Sie die Inhalte kontrollieren

- Kontrollieren Sie den Inhalt jeder einzelnen Spalte und überprüfen Sie, ob die beabsichtigten Inhalte drin stehen.
- Kontrollieren Sie den Inhalt jeder einzelnen Spalte und überprüfen Sie, ob die Inhalte das richtige Format haben. Wie in den Regeln erläutert gibt es spezielle Anforderungen z.B. für Datums- oder Zeitangaben und für Multi-Auswahllisten
- Wenn Sie die Einträge für Auswahllisten mit importieren wollen, müssen Sie vor (!) dem Import die gleichen Inhalte für die Auswahllistenfelder bereitstellen.
- Suchen Sie nach Duplikaten. Duplikate lassen sich in einer Excel Datei schneller entfernen als danach im CRM.
- Wenn Sie Personen importieren, stellen Sie sicher, dass die Schreibweise der damit verbundenen Organisationen absolut identisch zu der Schreibweise ist, die Sie für den Import von Organisationen verwenden.

Schritt 3. Erstellen einer CSV Datei

Wenn Sie sicher sind, dass Sie gute und brauchbare Daten haben, muss eine CSV Datei erzeugt werden. Wie schon erwähnt, kann das mit Excel nicht direkt gemacht werden. Sollten Ihre Excel-Datei keine ', " und ; enthalten könnten Sie wie folgt vorgehen.

- Fügen Sie eine Spalte in Excel am Anfang ein und füllen diese für jede Zeile Ihres Datensatzes mit dem Inhalt: „1Anfang1" (ohne „").
- Fügen Sie eine Spalte zum Ende ein und füllen diese für jede Zeile Ihres Datensatzes mit dem Inhalt: „1Ende1" (ohne „").
- Speichern Sie Ihre Excel Datei als CSV (Trennzeichen-getrennt) Datei.
- Öffnen Sie diese Datei in einem Editor (nicht MS Word!), der ASCII Dateien bearbeitet.
- Ersetzen Sie alle „1Anfang1" Einträge durch ein " Zeichen.
- Ersetzen Sie alle „1Ende1" Einträge durch ein " Zeichen.
- Ersetzen Sie alle ; Zeichen durch 3 Zeichen ";"
- Speichern Sie Ihre Datei unter einem anderen Namen.

Sollten Sie diese Methode nicht anwenden können oder wollen, so brauchen Sie weitere Hilfsmittel. Im 5 finden Sie einen Hinweis für einen Excel zu CSV Konverter, ein Excel Import/Export Werkzeug als Excel Macro, ein Numbers Servlet (Mac) und einen UTF-8 Zeichensatz Konverter. Damit können Sie wohlgeformte Dateien für den CRM Import aus Excel direkt erzeugen.

3.1.3 Menüführung für den Datenimport

Im Folgenden wird der Import von Personendaten in 4 Schritten beschrieben. Sie können diese Beschreibung sinngemäß auch für Organisationen oder andere CRM Module übertragen. Dabei wird vorausgesetzt, dass Ihre Daten, sowie in den vorhergehenden Kapiteln beschrieben, im richtigen Format vorliegen und inhaltlich vollständig sind.

Für den Import von Leads gibt es eine Besonderheit. Bei Leads sind die Angaben zum Nachnamen und zur Organisation Pflichtfelder. Sie können jedoch auch Leads ohne Nachnamen importieren. Sie können dabei die Angaben zum Nachnamen leer lassen, müssen die leeren Angaben aber mit importieren. Wenn der Nachname beim Import leer bleibt, so wird der nach dem Import in der Detailansicht eines Leads mit der Zeichenfolge '?????' angezeigt.

Versuchen Sie erst einen Import mit wenigen, doch mindestens fünf verschiedenen Datensätzen, um die Formatierung Ihrer Daten zu überprüfen.

Sie können beliebig viele Datensätze importieren. Die mögliche Anzahl ist jedoch auch abhängig von Ihrer CRM Konfiguration und der Geschwindigkeit Ihres Internet Zuganges.
Sollte es Probleme geben, wird empfohlen nur bis zu 499 Datensätze mit einer Import Operation übernehmen. Wenn Sie dann mehr Daten importieren wollen, so sollten Sie Ihren Datensatz teilen und die Importfunktion wiederholen.

Schritt 1
Für den 1. Schritt klicken Sie in der Listenansicht von Personen auf das **[Aktion] -> [Importieren]** um den Importdialog zu öffnen, der in der Abbildung 3-1 zu sehen ist.

Import Personen

Schritt 1:	wähle Datei		Schritt 2:	spezifiziere Format	
	Durchsuchen… Keine Datei ausgewählt.			Dateityp	csv
	Unterstütze Dateityp(en): .CSV, .VCF			Format	UTF-8
				Trennzeichen	Semikolon
				hat Überschriften	✔

☐ **Schritt 3:** Vorgehensweise bei Duplikaten (Wählen Sie diesen Schritt, wenn Sie Duplikate erwarten und wollen, dass das CRM diese automatisch bearbeitet.)

weiter   Abbrechen

Abbildung 3-1: Personen Import - Schritt 1

Wählen Sie einen Datensatz auf Ihrem Computer oder aus Ihrem Netzwerk.

Schritt 2
Wähen Sie das Datenformat welches Sie in Ihrer CSV Datei benutzen. Damit es keine Schwierigkeiten mit Umlauten oder Schriftzeichen gibt, die es in der deutschen Sprache nicht gibt (wie z.B. das Ë Zeichen *CITROËN*) und auch alle Umlaute richtig dargestellt werden ist es notwendig die UTF-8 Zeichenkodierung zu verwenden.

Wenn Sie noch keine Daten im CRM haben oder sicher sind, dass es die neuen Daten im CRM noch nicht gibt und Ihr Datensatz alle Bedingungen aus der Checkliste entspricht,, können Sie den 3. Schritt überspringen und direkt auf den Button [Weiter] klicken. Wir nehmen das jetzt mal an und gehen weiter zum 4. Schritt.

Schritt 4

Im nachfolgenden Eingabefenster, wie in der Abbildung 3-2 gezeigt, ordnen Sie Ihre Daten den Eingabefeldern im CRM System zu.

Abbildung 3-2: Personen Import - Schritt 4

In der linken Spalte sehen Sie die Überschrift aus Ihrer CSV Datei und daneben den ersten Datensatz als Beispiel. Prüfen Sie den Datensatz, z.B. auch die Anzeige von Umlauten.

In der 3. Spalte sehen Sie die Felder des CRM Systems. Sie können diese jetzt zuordnen. Es ist nicht notwendig, dass Sie alle Referenzen zu Ihren Daten herstellen, aber Sie müssen die Pflichtfelder und die Auswahllisten zuordnen. In der 4. Spalte können Sie einen Standardwert eintragen, der dann verwendet wird, wenn es in Ihren Daten zu einem Feld keine Angaben gibt. Sie müssen einen Standardwert für Auswahllisten und Multi-Auswahllisten eintragen, wenn Sie nicht sicher sind, dass Ihre CSV Datei für solche Felder immer eine Angabe enthält.

Wenn Sie Personen importieren und einen Organisationsnamen angeben, so wird durch den Import eine Organisation automatisch mit angelegt und die importierten Personen dieser Organisation zugeordnet.

Sollte man jedoch in der Organisation mehr als nur den Namen eingetragen haben wollen, so empfiehlt sich folgende Vorgehensweise:

1. Trennen Sie Ihre Ausgangsdaten in zwei Datensätze. Ein Datensatz enthält die Organisationen und der andere Datensatz enthält die Personen mit den zugehörigen Organisationen in gleicher Schreibweise.
2. Importieren Sie zuerst die Organisationen.
3. Importieren Sie die Personen. Eine Referenz zu den existierenden Organisationen wird automatisch hergestellt und es wird keine neue Organisation erstellt, wenn diese schon vorhanden ist.

Wenn Sie mehrere Importe durchführen wollen, können Sie die von Ihnen ausgewählten Referenzen speichern. Markieren Sie dazu die Checkbox [speichere Zuordnung] und geben Sie der Zuordnung einen kurzen aber eindeutigen Namen. Vermeiden Sie Umlaute und Sonderzeichen in den Spaltenüberschriften. Diese Zuordnung steht Ihnen dann bei einem weiteren Import im Schritt 4 unter [gespeicherte Zuordnung] zur Verfügung.

Um den Import zu starten klicken Sie den **[Import]** Button.

Schritt 3

Im optionalen 3. Schritt wird Ihnen die Möglichkeit angeboten, beim Import nach Duplikaten zu suchen um diese in Ihrem Datenbestand zu vermeiden.

Solche Duplikate werden nur gefunden, wenn die Buchstabierung genau übereinstimmt. Das ist natürlich eine Einschränkung die in vielen Fällen nicht ausreicht, um alle Duplikate zu finden. Deshalb ist es meist zweckmäßig, andere Programme heranzuziehen, welche den Datenbestand **vor** einem Import auf Duplikate untersuchen können. In der Regel können Duplikate schneller und effektiver vor einem Import als danach im CRM entfernt werden.

Dieser Schritt kann aber auch dazu genutzt werden, vorhandene Datensätze zu aktualisieren. Wenn Sie z.B. Personen ohne Telefonnummern importiert hatten, können Sie durchaus den Import der gleichen Liste mit Telefonnummern nochmal machen, ohne dass Duplikate im CRM entstehen. Nutzen Sie dazu die unten beschriebene Funktion, des Überschreibens von Duplikaten.

In der Abbildung 3-3 wird Ihnen das Menü des 3. Schritts gezeigt.

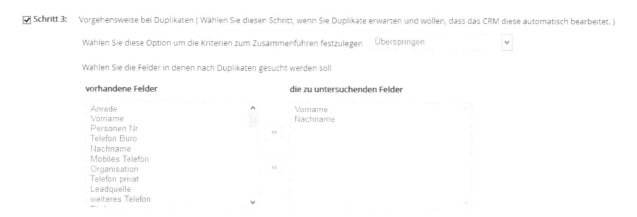

Abbildung 3-3: Personenimport - Schritt 3

Auf der linken Seite werden Ihnen alle im CRM vorhanden Eingabefelder für dieses Modul angezeigt. Platzieren Sie die Feldnamen auf die linke Seite, welche Sie zur Duplikatsprüfung heranziehen wollen.

In der nachfolgenden Tabelle sind die Optionen erläutert.

Tabelle 3-1: Duplikatsprüfung beim Import

Funktion	Beschreibung
Zusammenführen:	Während des Imports vergleicht das CRM Ihre Datensätze mit denen, die im CRM vorhanden sind. Leere Felder werden mit den importierten Daten überschrieben (Update Funktion)
Überschreiben:	Während des Imports vergleicht das CRM Ihre Datensätze mit denen, die im CRM vorhanden sind. Ein vorhandener Datensatz wird mit den neuen Informationen überschrieben.

Funktion	Beschreibung
Überspringen:	Werden Duplikate in den zu importierenden Daten erkannt, wird der entsprechende Datensatz ignoriert und nicht importiert.

Schritt 5

Im letzten **5. Schritt**, zeigt Ihnen das CRM das Ergebnis Ihres Imports, wie in Abbildung 3-4 gezeigt. Dabei wird auch berücksichtigt, ob Sie den Schritt 3 ausgeführt haben oder nicht.

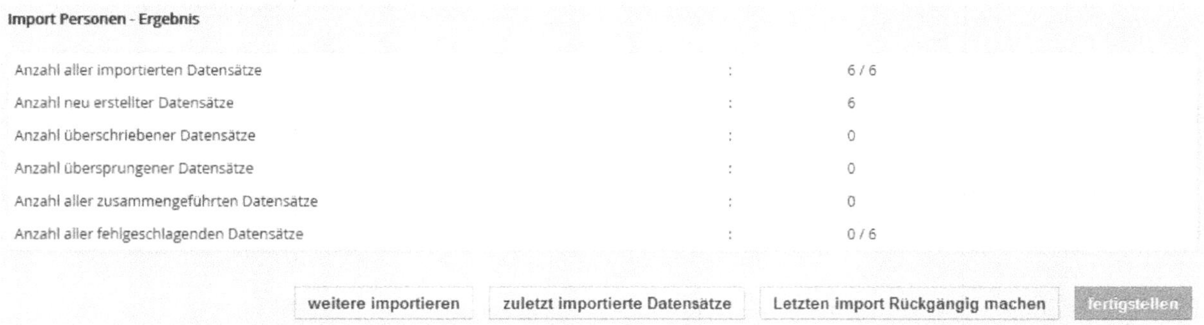

Import Personen - Ergebnis

Anzahl aller importierten Datensätze	:	6 / 6
Anzahl neu erstelter Datensätze	:	6
Anzahl überschriebener Datensätze	:	0
Anzahl übersprungener Datensätze	:	0
Anzahl aller zusammengeführten Datensätze	:	0
Anzahl aller fehlgeschlagenden Datensätze	:	0 / 6

| weitere importieren | zuletzt importierte Datensätze | Letzten import Rückgängig machen | fertigstellen |

Abbildung 3-4: Personenimport - Importergebnis

Wurden nicht alle Daten importiert, haben Sie sicher bei der Formatierung Ihrer Daten einen Fehler gemacht, bzw. nicht beachtet, dass immer alle Pflichtfeldern angegeben werden müssen. Es empfiehlt sich dann, den Import rückgängig zu machen indem Sie auf den entsprechenden Button klicken, die Daten zu korrigieren und den Import zu wiederholen.

War der Import erfolgreich, so können Sie auf **[Fertigstellen]** klicken um den Import abzuschließen oder mit **[weitere importieren]** einen neuen Import starten.

Hinweis: Wenn Sie mehr als 500 Datensätze gleichzeitig importieren wollen, so wird der Import in einem s.g. Hintergrundprozess innerhalb von 15 Minuten gestartet. Sie werden per E-Mail benachrichtigt, wenn der Import abgeschlossen ist. Sie können in der Zeit normal mit dem CRM weiterarbeiten. Dieser Hintergrundprozess muss vom CRM Administrator eingerichtet und aktiviert worden sein, siehe Kapitel 5.5.10.

3.1.4 Datenexport

Sie können den Export von Daten aus einer Listenansicht nach den folgenden Kriterien steuern:

- exportiere alle Daten aus einem Modul (z.B. alle Personen, alle Leads usw.)
- exportiere nur die Daten, die in der Listenansicht eines Moduls markiert worden sind
- exportiere nur die Daten aus der aktuellen Listenansichtsseite aus einem Modul

Bitte beachten Sie, dass aus dem CRM exportierte Daten nicht immer das Format besitzen, was Sie für einen Import benötigen.

Alle Daten werden als CSV Datei mit dem Utf8 Zeichenformat exportiert. Alternativ steht Ihnen ein Export als Excel Datei im Menü Berichte bereit, siehe Kapitel 4.2.3.

Klicken Sie in einer Listenansicht (z.B. von Personen) auf das **[Aktion] -> [Exportieren]** um den Exportdialog zu öffnen, der in der Abbildung 3-5 zu sehen ist.

Export Daten

Exportiere ausgewählte Daten	○
Exportiere Daten der ggw. Seite	○
Exportiere alle Daten	◉

Export Personen   Abbrechen

Abbildung 3-5: Export Auswahl

Wählen Sie den gewünschten Exporttyp und klicken Sie dann auf den **[Export Personen]** Button. Es öffnet sich auf Ihrem Rechner ein neues Fenster zum Downloaden von Daten. Die Ansicht ist davon abhängig, mit welchem Betriebssystem ihr Rechner arbeitet. Für einen Rechner mit einem MS Windows Betriebssystem, erscheint z.B. ein Fenster wie in **Fehler! Verweisquelle konnte nicht gefunden werden.** argestellt.

Je nach Betriebssystem können Sie die Daten nach dem Laden direkt mit einer Anwendung benutzen oder als Datei auf Ihrem Computer ablegen. Alle Kontaktdaten stehen Ihnen als so genannte „CSV" Datei mit dem UTF8 Zeichenformat bereit und können von vielen anderen Programmen direkt übernommen

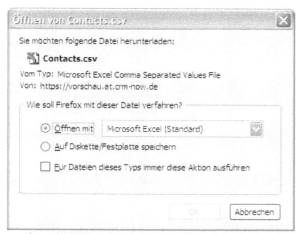

werden. CSV Dateien können z.B. mit MS Excel weiterverarbeitet werden.

Abbildung 3-6: Windows Menü für Export

Ihre Daten werden immer mit einer UTF-8 Zeichensatzkodierung exportiert. Zahlreiche Anwendungen erfordern, dass Sie dieses Format vor einer Weiterverarbeitung entsprechend umwandeln. Im 6 werden Ihnen dazu Verweise auf andere Hilfsmittel gegeben.

3.2 Kalender und Aktivitäten

Das CRM stellt einen Kalender zur Verfügung, so wie man ihn normalerweise auf einem Schreibtisch hat. Dieser Kalender ist jedoch zusätzlich mit Ihrem Verkaufsprozess automatisch verbunden und zeigt Folgendes an:

- Ereignisse (Anrufe, Meetings oder selbst definierte Ereignisse)
- Aufgaben
- erwartetes Abschlussdatum bei Verkaufspotentialen
- Ende beim Support (Support Enddatum)
- Geburtstage
- Rechnungsfälligkeit

Ereignisse sind Aktivitäten, welche Sie im Zusammenhang mit Kunden durchführen. Dazu können Sie z.B. auch andere CRM Nutzer einladen oder Nachfasstermine setzen. Aufgaben sind von Ihnen selbst oder anderen CRM Nutzern auszuführen.

Dafür haben Sie eine Ansicht für tägliche, wöchentliche oder monatliche Aktivitäten.

Sie können Aktivitäten direkt im Kalender anlegen. In den meisten Fällen ist es aber sinnvoll, Aktivitäten direkt bei den referenzierenden Detailansichten, also bei Personen, Leads, Verkaufspotentialen, Tickets usw. zu machen, da dann die Referenz durch das CRM automatisch hinzugefügt werden kann.

Zusätzlich zur Kalenderansicht gibt es eine Kalenderliste, welche eine Liste und sämtliche Details aller Anrufe, Besprechungen und Aufgaben beinhaltet, wie es im nachfolgenden Kapitel 3.2.3 beschrieben worden ist.

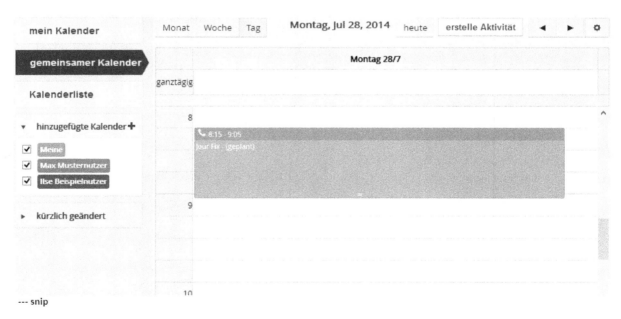

Abbildung 3-7: Kalender - Tagesansicht

3.2.1 Kalender

Um den Kalender zu nutzen, öffnen Sie den Kalender im Navigationsbereich. Eine Darstellungsansicht des CRM Kalenders ist in der Abbildung 3-7 dargestellt.

In dieser Abbildung ist der Tageskalender in der Stundenansicht zu sehen. Sie können sich alternativ auch eine Wochen-, Monats- oder Jahresansicht zeigen lassen, indem Sie auf das entsprechende Icon klicken oder in die Kalenderliste umschalten.

Um ein neues Ereignis, wie einen Anruf oder eine Besprechung, oder eine Aufgabe zu planen, öffnen Sie den Kalender, klicken Sie auf eine Zeit und wählen Sie ein Ereignis. In dem Eingabefenster, wie es in Abbildung 3-8 zu sehen ist, können Sie Ihre Angaben machen.

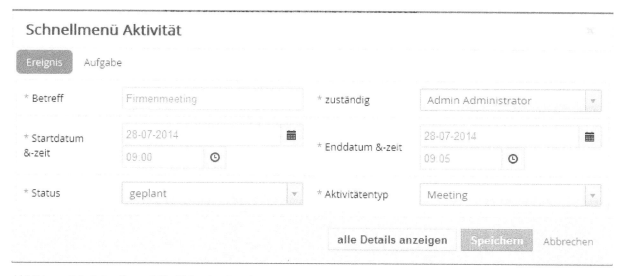

Abbildung 3-8: Schnellmenü für Kalendereingabe

Wenn Sie weiter Angaben machen wollen, klicken Sie **[alle Details anzeigen]**. In der nachfolgenden Tabelle sind die besonderen Eingabefelder erklärt:

Tabelle 3-2: Felderklärungen für Neues Ereignis Menü

Eingabefeld	Verwendung
Sichtbarkeit:	Wenn Sie die Sichtbarkeit auf *öffentlich* setzen, dann teilen Sie das neue Ereignis mit anderen CRM Nutzern.
Beschreibung:	Hier ist der richtige Platz für Notizen zum Vorhaben und dann später für das Erfassen der Ergebnisse.
Status:	Mit Hilfe dieser Auswahlliste können Sie dem Ereignis einen Status zuweisen. Sobald Sie ein Ereignis auf den Status erledigt setzen, haben Sie die Möglichkeit einen Folgetermin zu erfassen.
zuständig:	Hier müssen Sie das Ereignis einem Nutzer oder einer Gruppe zuordnen. Entsprechend Ihrer Rechteeinstellungen wird die Aktivität nur in Ihrem oder auch in anderen Kalender angezeigt.
bezogen auf:	Man sollte jede Aktivität mit einer Kontaktinformation versehen. Wenn Sie einen Kalendereintrag aus einer Detailansicht heraus erstellen, ist dieses Feld schon ausgefüllt.
Sende E-Mail Erinnerung:	Sie können sich vor einem Termin eine Erinnerungs- E-Mail zusenden lassen..

Eingabefeld	Verwendung
Einladen:	Sie können andere Nutzer zu einem Ereignis einladen, indem Sie diese hinzufügen. Die eingeladenen Nutzer sehen dann diesen Termin auch in dem eigenen Kalender und erhalten eine Benachrichtigungs- E-Mail.

Klicken Sie auf **[Speichern]** um die Aktivität an das CRM zu übertragen.

Der Kalender wird in der browserdefinierten Sprache angezeigt. Falls Sie den Kalender in einer anderen Sprache sehen, kontrollieren Sie Ihre Browsereinstellungen.

Kalender mit anderen Nutzern teilen

Sie können Ihren Kalender oder spezielle Ereignisse mit anderen CRM Nutzern teilen. Hierbei sind folgende Alternativen möglich:

1. Kalender mit anderen Nutzern teilen

Öffnen Sie den Kalender und klicken Sie auf **[gemeinsamer Kalender]**. In der sich öffnenden Anzeige klicken Sie das ✚ Icon um einen weiteren Nutzerkalender hinzuzufügen, wie es die Abbildung 3-9 zeigt. Bitte beachten Sie, dass Sie Einträge in den Kalender der anderen Nutzer nur sehen, wenn deren Sichtbarkeit auf öffentlich gesetzt wurde.

2. Ereignisbezogenes Teilen des Kalenders nach der rollenbasierten Hierarchie

Unabhängig davon, ob Sie in den Einstellungen vermerkt haben, dass Sie Ihren Kalender teilen, können auch spezielle Ereignisse von anderen Nutzern gesehen werden, wenn diese Ereignisse öffentlich gemacht worden sind. Diese Nutzer müssen Ihnen hierarchisch im CRM System unterstellt sein.

CRM System Administratoren haben das unbeschränkte Recht, die Kalender von allen Nutzern zu sehen.

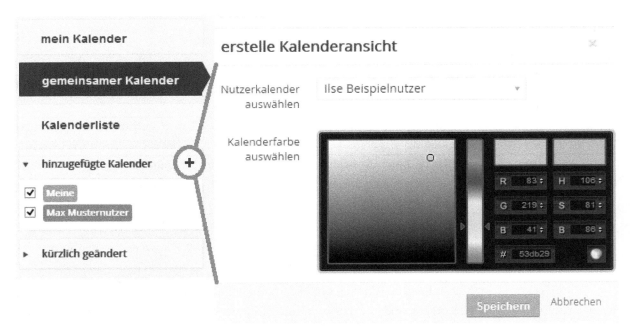

Abbildung 3-9: Kalender teilen

Hinweis: Wenn Sie Ihren Kalender in die Kalenderliste eingetragen und aktiviert haben, werden Kalendereinträge mit der Sichtbarkeit *privat* in den Kalendern der anderen Nutzer als *blockiert* angezeigt.

Zusammenfassung:

1. Kalendereinträge von anderen Nutzern sehen Sie im Menü **[gemeinsamer Kalender]**
2. Einträge, welche von einem Nutzer erstellt oder einem Nutzer zugewiesen wurden, kann diese Nutzer unter **[mein Kalender]** sehen.
3. Einträge für welche Sie zuständig sind und Einträge welche von anderen Nutzern stammen welche in der Rollenhierarchie unter Ihnen stehen, können im **[Kalenderliste]** Menü eingesehen werden.
4. Einträge von Nutzern, welche in der Rollenhierarchie unter Ihnen stehen, können von Ihnen geändert werden. Hierarchisch untergeordnete Nutzer können Einträge von hierarchisch übergeordneten Nutzern sehen, aber nicht verändern.

Wenn eine Sekretärin Termine für Ihre Chefin ins CRM einträgt, so könnte man durch eine Gruppe (siehe Kapitel 5.2.4) die Einschränkung der Schreibrechte für untergeordnete Nutzer umgehen. Bilden Sie dazu eine Gruppe (z.B. SekChef) und fügen Sie beide CRM Nutzer dieser Gruppe hinzu. Wenn die Sekretärin dann einen Termin der Gruppe zuweist, wird dieser im Kalender der Chefin und im Kalender der Sekretärin angezeigt und beide können den bei Bedarf ändern.

3.2.2 Kalendervoreinstellungen

Klicken Sie auf das ⚙ in der Kalenderansicht, um das Kalendereinstellungsmenü auszurufen. Das Eingabefenster können Sie in Abbildung 3-10 sehen.

Die meisten Eingaben sind selbsterklärend. Mit dem Popup Erinnerungsintervall legen Sie fest, wie häufig das CRM Sie mit einem Browser Popup benachrichtigen soll, wenn eine Aktivität fällig ist, siehe Kapitel 4.1.3.

Abbildung 3-10: Einstellungsmenü des Kalenders

Klicken Sie **[Speichern]** um Ihre Angaben an das CRM zu übertragen.

3.2.3 Kalenderlistenansicht

Für den Fall, dass Sie alle Aktivitäten in einer Liste sehen wollen, klicken Sie auf den [Kalenderliste]. In diese Listensicht können Sie, wie alle anderen Listenansichten auch, die Anzeigen in der Liste nach Ihren eigenen Wünschen ändern. Weitere Informationen darüber, wie Sie die Listenansicht ändern können, finden Sie im Kapitel 2.2.3.

In der Listenansicht können Sie auf den Namen einer Aktivität klicken, um zur Detailansicht zu gelangen.

3.2.4 Import und Export von Aktivitäten

Um Daten zwischen Ihrem Computer und dem CRM durch Import oder Export Funktionen auszutauschen, stehen Ihnen eine Reihe von CRM Erweiterungen zur Verfügung. Das beinhaltet ein Outlook Plugin für das Windows Betriebssystem und eine Thunderbird/Mozilla Erweiterung für Linux, Mac und Windows Rechner.

Sie finden weitere Hinweise in den jeweiligen Handbüchern (siehe Anhang A).

3.3 Die CRM Verkaufsprozess Begleitung

Das CRM System begleitet Ihren Verkaufsprozess, auf Wunsch beginnend vom ersten Kontakt zu einem möglichen Kunden, bis hin zum Service nach einem erfolgreichen Geschäftsabschluss. Dabei wird berücksichtigt, dass es in den einzelnen Phasen eines Verkaufsprozesses unterschiedliche Anforderungen an die Berichterstattung, den benötigten Daten und der automatischen Weiterverarbeitung gibt. Die folgenden Phasen werden angeboten und in den nächsten Kapiteln näher erläutert:

1. Leads
2. Potentiale (sortiert nach Verkaufsstufen, Prioritäten und anderen Kriterien)
3. Angebote
4. Verkaufs- oder Einkaufsbestellungen
5. Rechnungen
6. Ticketsystem und Wissensbasis

Diese Verkaufsphasen werden durch das Kontakt- und Aktivitätenmanagement, Produkt- und Dienstleistungskataloge sowie umfangreicher Berichterstattung begleitet. In den einzelnen Phasen werden bei Bedarf auch Steuern auf Dienstleistungen und Produkte berücksichtigt.

Die effektive Verwaltung und Nutzung von Kundenkontakten ist das wichtigste Element Ihres CRMs. Alle Aktivitäten eines Unternehmens sind letztlich auf Kunden ausgerichtet. Sie können die folgenden Kundentypen erfassen:

- Leads
- Kontakt zu einer konkreten Person
- Kontakt zu einer Organisation (ein beliebiger Verbund von Personen, wie Unternehmen, Vereine, Behörden, Gruppen usw.)

Prinzipiell sollten Sie sich bemühen, Kundenkontakte immer mit den Stufen des Verkaufsprozesses, also mit Leads und Verkaufspotentialen in Verbindung zu bringen.

Unter dieser Prämisse ergeben sich folgende Arbeitsschritte für eine sinnvolle Arbeit mit dem CRM System:

1. Basierend auf einen ersten Kundenkontakt wird ein Lead angelegt. Dieser Lead enthält u.a. Angaben zur Person und der Organisation. Diese werden durch das CRM System jedoch noch nicht in die Listen der Organisationen und Personen übernommen.
2. Aus dem Lead wird ein Verkaufspotential erstellt. Bei dieser Gelegenheit werden die Kundendaten auch unter Organisationen und Personen abgelegt. Alle Informationen, die für einen Lead erfasst worden sind, stehen weiter zur Verfügung.

Durch diese Arbeitsschritte stellen Sie sicher, dass nur solche Personen und Organisationen im System separat aufgeführt werden, für die auch Geschäftsaussichten bestehen.

Dem gegenüber sollten Sie aber Personen oder Organisationen direkt erfassen, wenn diese nicht über einen Lead bereitstehen. Das trifft z.B. für weitere Personen aus einem Unternehmen, für Lieferanten oder anderen Geschäftspartnern zu.

3.3.1 Leads

Unter **Leads** werden im CRM System alle ersten Kontakte zu Kunden verstanden, die ein mögliches Interesse an dem Angebot des eigenen Unternehmens signalisiert haben. Ihr Unternehmen erhält Leads üblicherweise aus Marketingaktivitäten, wie z.B. von Messen, Werbung oder Veröffentlichungen. In dieser Stufe des Vertriebs wissen Sie noch nicht ob sich aus dem ersten Kontakt eine Geschäftsmöglichkeit entwickelt.

Da im Allgemeinen Erstkontakte nicht unbedingt wirkliche Interessenten betreffen, werden Leads im CRM System besonders behandelt. Wenn z.B. 10% Ihrer Messekontakte absehbar zu einer Geschäftsanbahnung führen, dann ist das schon eine ganz gute Quote. Das heißt aber auch im Umkehrschluss, dass die restlichen 90% als Daten im CRM zumindest weniger wertvoll sind. Es gilt daher zu vermeiden, dass unbrauchbare Leads das CRM System und dessen Nutzer unnötig belasten.

Aus diesem Grund werden die Daten zu einem Lead nicht automatisch referenziert. Das heißt, dass weder den Name der Person oder des Unternehmens in der Liste unter den Menüs *Personen* oder *Organisationen* vom CRM System eingetragen werden und auch nicht für eine weitere Bearbeitung zur Verfügung stehen. Wird ein Lead als eine Geschäftsmöglichkeit qualifiziert, kann man den Lead jedoch in ein Verkaufspotential umwandeln und somit die notwendigen Referenzen zur weiteren Arbeit automatisch herstellen.

Wenn Sie einen Lead erstellen, erfassen Sie üblicherweise die folgenden Daten:

- Die Kontaktmöglichkeiten zu einer Person oder Organisation
- Eine Beschreibung der Geschäftsmöglichkeit
- Eine Beurteilung des Wertes für Ihr Unternehmen

Diese Daten werden als Stammdaten zu einem Lead hinterlegt.
Wie Sie mit Leads weiter arbeiten wird im Kapitel 4.2.1 erläutert.

3.3.2 Verkaufspotentiale

Verkaufspotentiale sind im Verkaufsprozess die logischen Nachfolger eines Leads. Sie sollten deshalb ein Verkaufspotential aus einem Lead erzeugen und alle für den Lead verfügbaren Informationen in ein Verkaufspotential übernehmen. Sie können aber auch ein Verkaufspotential direkt erstellen.

Verkaufspotentiale sind dadurch gekennzeichnet, dass ein offensichtliches Interesse eines potentiellen Kunden an einem Angebot aus Ihrem Unternehmen besteht. Der Vertrieb erwartet, dass einem potentiellen Kunden in der Zukunft ein Angebot gemacht werden kann und schätzt ein, dass es zweckmäßig ist, die zu einem Lead gemachten Daten zur weiteren Arbeit zu übernehmen.

Sinngemäß arbeiten Sie mit Verkaufspotentialen so, wie Sie es schon mit Leads gemacht haben. Sie erfassen Ihrer Aktivitäten, die zu einem Geschäftsabschluss führen sollen, speichern evtl. Vertragsdokumente, erstellen Angebote usw. Das Ziel ist es unter einem Verkaufspotential alle die Daten abzulegen, welche zu einem Geschäft gehören.

Haben Sie Kunden, mit denen Sie mehrere Geschäfte abschließen, so legen Sie für jedes Geschäft ein neues Verkaufspotential an.

3.3.3 Angebote

Die Erstellung eines Angebotes stützt sich auf Ihren Produkt- und/oder Dienstleistungskatalog und den dazugehörenden Preislisten, wie im Kapitel 0 erläutert. Sie müssen also vor Ihrem ersten Angebot Ihre Produkte und Dienstleistungen als auch Preise im CRM System erfasst haben.

Die Berechnungen der Mehrwertsteuer wie auch die Möglichkeiten zur Währungseinstellung richten sich nach den Vorgaben des CRM Administrators.

Für die Erstellung eines Angebotes im CRM gibt es zwei Wege:

- Die können für einen Interessenten über ein entsprechendes Verkaufspotential ein Angebot durch klicken auf den [Erstelle Angebot] in der bezogenen Liste erstellen. Wählen Sie diesen Weg um eine Referenz zu dem Verkaufspotential automatisch durch das CRM System herstellen zu lassen.
- Sie können ein Angebot aber auch direkt eingeben, indem Sie in der Listenansicht der Angebote auf [Angebot erstellen] klicken oder über das Schnellmenü gehen. Dieser Weg erfordert, dass Sie alle benötigten Referenzen zu anderen Daten im CRM selbst eintragen.

Es gibt auch CRM Zusatzmodule, mit denen Sie weitere Parameter, insbesondere zur PDF Ausgabe, steuern können. Eine entsprechende Referenz finden Sie im Anhang A.

Vor der Erstellung des ersten Angebotes sollten folgende Informationen bereits im CRM vorhanden sein:

- ein Eintrag bei den Organisationen mit vollständigen Angaben zur Rechnungs- und Lieferadresse
- ein Eintrag zur Person mit korrekter Anrede
- ein Verkaufspotential zu der Organisation
- ein Eintrag im Produkt- und/oder Dienstleistungskatalog
- ein Preisliste mit wenigstens einem Eintrag

Die meisten Eingabefelder im Angebotsmenü sind selbsterklärend. Im Folgenden wird deshalb nur auf die Felder näher eingegangen, welche einer besonderen Beachtung bedürfen oder welche mit Funktionalitäten bereitgestellt werden, welche sich nicht auf dem ersten Blick erschließen.

Folgende allgemeine Angebotsinformationen werden erfasst:

Tabelle 3-3: Liste der Eingabefelder für Angebotsinformationen

Eingabefeld	Verwendung
Titel:	Geben Sie Ihrem Angebot einen eindeutigen und aussagekräftigen Namen. Es ist sinnvoll, den Kundennamen mit zu erwähnen, wie z.B. „Muster GmbH 1. Angebot".
Potentialname:	Sie sollten ein Verkaufspotential auswählen, auf welches sich das Angebot bezieht.
Angebotsstufe:	Vermerken Sie die Angebotsstufe. Der Inhalt der Auswahlliste kann von Ihrem Administrator an Ihre Bedürfnisse angepasst werden.
gültig bis:	Geben Sie an, bis wann das Angebot gültig ist.
Personenname:	Hier wird dem Angebot eine Person zugeordnet.
Transporteur:	Geben Sie eine Spedition an oder einen anderen Weg auf dem Ihr Produkt zum Kunden gelangt. Der Inhalt der Auswahlliste kann von Ihrem Administrator an Ihre Bedürfnisse angepasst werden.

Eingabefeld	Verwendung
Bestandsmanager:	Bei Lagerware können Sie hier den CRM Nutzer angeben, der als Manager für das Lager eingesetzt wird. Der Bestandsmanager für das Lager erhält vom CRM automatisch eine Nachricht über Ihr Angebot, wenn Sie auf [**Speichern**] klicken und der Bestand von Produkten kritisch ist.
Organisation:	Hier müssen Sie das Angebot mit einer Organisation verbinden, indem Sie auf das Icon am Ende der Zeile klicken. Das CRM will die Adressinformationen für diese Organisation ermitteln und im Angebot automatisch ausfüllen.
zuständig:	Hier wird der Bearbeiter des Angebotes vermerkt.
Geschäftsbedingungen:	Das Feld kann automatisch befüllt werden. Die Angaben dazu speichert der Administrator im Menü Geschäftsbedingungen, siehe Kapitel 5.5.3.

Darüber hinaus müssen Sie Rechnungs- und Lieferadressen angeben und können diese aus den vorhandenen Datensätzen übernehmen.

Produkte und Dienstleistungen

Für Ihre Angebote berücksichtigt das CRM System alle möglichen Vorgaben für Steuern oder Preisnachlässe, wie diese in Ihrem Unternehmen zum Einsatz kommen. Die Mehrwertsteuer kann z.B. individuell für jedes einzelne Produkt oder insgesamt für alle Produkte berechnet werden. Sie müssen deshalb vor der Eingabe eines Produktes entscheiden, welchen Steuersatz Sie berücksichtigen müssen und wie dieser berechnet werden soll.

Abbildung 3-11: Produktdetails bei gemeinsamer Steuer

In der Abbildung 3-11 sehen Sie die Darstellung einer gemeinsamen Steuerberechnung für alle Produkte oder Dienstleistungen. Hier wird die Steuer aus allen Beträgen ermittelt, eine individuelle Angabe für jedes einzelne Produkt ist nicht nötig. Sie können diese Mwst. Berechnung natürlich nur dann auswählen, wenn für alle Produkte oder Dienstleistungen der gleiche Steuersatz gilt.

In der Einstellung zur individuellen Berechnung, wie in Abbildung 3-12 zu sehen, wird die Steuer für jedes einzelne Produkt berechnet. Diese kann auch bei mehreren Produkten unterschiedlich sein.

Abbildung 3-12: Produktdetails bei individueller Steuer

Tabelle 3-4: Liste der Eingabefelder für Details

Eingabefeld	Verwendung
Produkt:	Die Auswahl der Dienstleistungen oder Produkte für das Angebot erfolgt aus dem im CRM hinterlegten Katalog mit Hilfe des Icons hinter dem ersten Eingabefeld in der Spalte „Produkt". Dabei wird zwischen Produkten und Dienstleistungen unterschieden. Beim Erzeugen eines neuen Angebotes wird Ihnen die Möglichkeit gegeben, ein Produkt hinzu zu fügen. Wenn Sie nur Dienstleistungen anbieten, klicken Sie auf den **[Dienstleistung hinzufügen]** Button. Vertauschen Sie dann die Reihenfolge mit dem leeren Produkteintrag und löschen Sie den Produkteintrag.
Menge:	Geben Sie benötigte Menge an. Wenn Sie Dienstleistungen eingeben, die per Stunde abgerechnet werden, könnten Sie z.B. „Stunden" als Mengeneinheit in Ihrem Dienstleistungskatalog hinterlegen.
Listenpreis:	Hier können Sie den Kundenpreis ablegen. Benutzen Sie das **Buch Icon**, um eine Preisliste auszuwählen. Das ist z.B. sehr sinnvoll wenn Sie mehrere Preislisten für verschiedene Kundengruppen haben.
Steuerberechnung:	Das CRM berechnet Ihre Steuern automatisch, basierend auf den Angaben im Produkt- bzw. Dienstleistungskatalog. Sie können diese modifizieren, ohne Änderungen im Produktkatalog vornehmen zu müssen.
Total:	Das CRM berechnet Ihnen die Gesamtsumme automatisch.
Preis:	Der Preis ergibt sich aus dem Listenpreis abzüglich des Rabatts und zuzüglich der Steuer.

Um weitere Produkte oder Dienstleistungen in Ihr Angebot aufzunehmen klicken Sie auf den **[Produkt hinzufügen]** bzw. **[Dienstleistung hinzufügen]** Button.

Währungsangaben

Alle Preiskalkulationen werden in der für CRM System festgelegten und einem Nutzer zugewiesenen Standardwährung durchgeführt. Außerdem werden die Währungszuordnungen aus dem Produkt- oder Dienstleistungskatalog berücksichtigt. Sie können eine andere Währung für ein Angebot in der Auswahlliste (neben dem Mehrwertsteuertyp) einstellen. Wenn Sie die Währung ändern, werden entsprechend der im CRM erfassten Umtauschsätze die Preise in einer anderen Währung automatisch berechnet. Die verfügbaren Währungen und deren Umtauschsätze werden durch den CRM Administrator festgelegt, wie im Kapitel 5.5.4 erläutert.

Zu der Zwischensumme können Sie weitere Anpassungen vornehmen.

Klicken Sie auf **[Speichern]**, um Ihr Angebot im CRM System zu sichern.

PDF Ausgabe

Für eine PDF Ausgabe eines Angebotes muss Ihr Administrator zuvor Ihre Unternehmensinformationen im CRM abgelegt haben. Dazu zählen die Anschrift und ggf. auch ein Firmenlogo welches auf der PDF Ausgabe erscheinen soll. Mit den verfügbaren Menüeinträgen können Sie Angebote ausdrucken oder auch als E-Mail versenden.

Das PDF Layout ist von dem CRM vorgegeben und kann durch einen CRM Nutzer oder dem Administrator nicht verändert werden. Es gibt aber CRM Erweiterungen, mit denen das möglich ist.

Die PDF Ausgabe erreicht man durch einen Klick auf den **[Mehr]** Button, wie in der folgenden Abbildung 3-13 dargestellt.

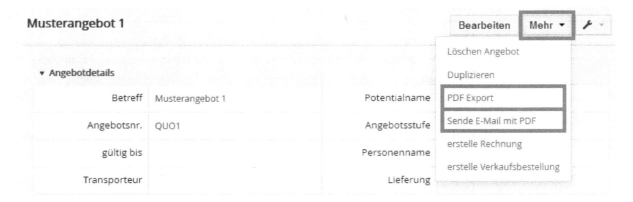

Abbildung 3-13: PDF Erstellen oder Senden

Neben der einfachen PDF Ausgabe ist es auch möglich aus diesem Menü heraus eine E-Mail zu erstellen und das erstellte PDF als Anhang mitzusenden.

3.3.4 Verkaufsbestellungen

Bestellungen von Waren oder Dienstleistungen von Ihren Kunden liegen meist in Papierform vor. Es ist zu empfehlen, die Kundenbestellung auch im CRM System zu erfassen, da die Bestellung von dem Angebot abweichen kann und Ihr Unternehmen im CRM auch später die Informationen zur Verfügung haben sollte. Die Erstellung einer Kundenbestellung stützt sich auf Ihren Produkt- und/oder Dienstleistungskatalog und den dazugehörenden Preislisten, wie im Kapitel Angebote erläutert. Sie müssen also vor der Erfassung Ihrer ersten Bestellung Ihre Produkte und Dienstleistungen im CRM System erfasst haben.

Für die Erstellung einer Verkaufsbestellung gehen Sie so vor, wie es schon im vorhergehenden Kapitel für Angebote erläutert wurde. Wenn möglich, erstellen Sie eine Bestellung direkt aus einem Angebot heraus on dem Sie auf **[erstelle Rechnung]** klicken, wie in der Abbildung 3-13 zu sehen.

Bestellinformation

Die meisten Eingabefelder sind selbsterklärend. Die folgenden Informationen beziehen sich darum nur auf besondere Eingabefelder, deren Verwendung im Einzelnen erläutert wird.

Tabelle 3-5: . Spezielle Eingabefelder für Bestellinformationen

Eingabefeld	Verwendung
Titel:	Geben Sie der Bestellung einen eindeutigen und aussagekräftigen Namen. Es ist sinnvoll, den Kundennamen mit zu erwähnen, wie z.B. „Muster GmbH 1. Bestellung".
Verkaufsbestellung Nr.:	Die interne Nummer wird durch das CRM automatisch erzeugt. Der CRM Administrator kann das Nummernschema festlegen.
hängig:	Vermerken Sie hier, wenn die Bestellung sich aus irgendeinem Grund verzögert.
Organisation:	Hier müssen Sie die Bestellung mit einer Organisation verbinden.

Adressinformation

Sobald Sie eine Organisation auswählen, werden die Adressinformationen automatisch ausgefüllt. Sie können diese manuell ändern, wenn es nötig ist.

Wiederkehrende Rechnungen

Wie in der Abbildung 3-14 zu sehen, können Sie aus einer Verkaufsbestellung auch wiederkehrende Rechnungen erstellen. D.h., dass das CRM automatisch für Sie eine Rechnung im CRM, unter Beachtung der gesetzten zeitlichen Bedingungen, erstellt. Dabei werden die Inhalte Ihrer Verkaufsbestellungen automatisch übernommen.

Voraussetzung dafür ist es, dass in Ihrem CRM die Serverfunktionen für die Erstellung von wiederkehrenden Rechnungen aktiviert wurden. Diese entscheiden dann auch über den konkreten Zeitpunkt der Erstellung (z.B. Mitternacht).

Abbildung 3-14: Verkaufsbestellungen - Angaben für wiederkehrenden Rechnungen

Produktdetails

Hier werden die bestellten Produkte oder Dienstleistungen erfasst. Das Vorgehen ist im Abschnitt Produktdetails in Angeboten erläutert. Bitte beachten Sie, dass das Feld **Menge** ein Pflichtfeld ist.

3.3.5 Einkaufsbestellungen

Um eine neue Bestellung an einen Lieferanten zu erzeugen, eine s.g. Einkaufsbestellung, klicken Sie z.B. auf den **[Einkaufsbestellung hinzufügen]** Button in der Listenansicht im Menü **[Einkaufsbestellungen]**. Oder gehen Sie zu der Detailansicht eines Lieferanten im **[Lieferanten]** Menü und klicken Sie auf den Button **[Erstelle Einkaufsbestellung]**.

Voraussetzung für die Erfassung einer Einkaufsbestellung im CRM ist es auch hier, dass Sie vorher die Kontaktdaten eines Lieferanten erfasst haben.

Es öffnet sich das in der Abbildung 3-15 ausschnittsweise gezeigte Fenster.

Die Eingabemaske ist weitestgehend selbsterklärend und kann nach Bedarf geändert werden. Folgende spezielle Felder sind vorhanden:

Tabelle 3-6: Liste der speziellen Eingabefelder für Einkaufsbestellung

Eingabefeld	Verwendung
Titel:	Geben Sie der Bestellung einen eindeutigen und aussagekräftigen Namen.
Lieferant:	Sie müssen einen Lieferanten auswählen, der bereits im CRM erfasst wurde. Dadurch werden in der Bestellung die Adressinformationen automatisch ausgefüllt.
Bestellnummer:	Hier können Sie die Bestellnummer eintragen, die Sie für diesen Lieferanten benutzen wollen.
Bedarfsnummer:	Wenn Sie in Ihrem Unternehmen Nummern vergeben, die den Bedarf kennzeichnen, können Sie diese hier eingeben.

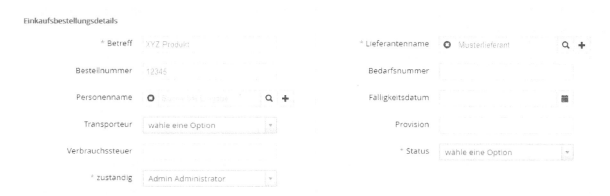

Abbildung 3-15: Einkaufsbestellung – Erstellansicht (Ausschnitt)

Die Bedeutung und Funktion der anderen Eingabefelder sind identisch zu den Feldern, die im Kapitel Angebote beschrieben worden sind.

3.3.6 Rechnungen

Rechnungen können Sie im CRM System erzeugen, indem Sie auf den **[Rechnung hinzufügen]** Button im **[Vertrieb] > [Rechnungen]** Menü klicken. Sie können aber auch und sollten wenn möglich, eine Rechnung aus der Detailansicht einer Verkaufsbestellung automatisch erzeugen, indem Sie auf den Button **[Erstellen Rechnung]** in der bezogenen Rechnungsliste klicken. Über diesen Weg werden die Daten aus der Bestellung automatisch in die Rechnung übernommen.

Das Eingabefenster für eine Rechnung ist in der Abbildung 3-16 dargestellt.

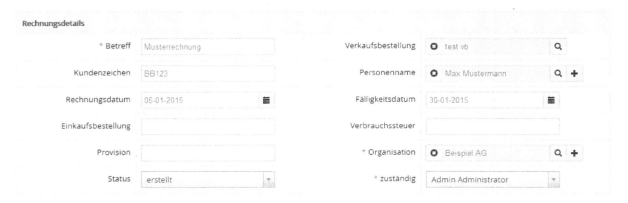

Abbildung 3-16: Rechnung – Bearbeitungsansicht (Ausschnitt)

Sie können in einer Rechnung die folgenden Angaben machen:

Rechnungsinformation

Tabelle 3-7: Liste der Eingabefelder für Rechnungsinformation

Eingabefeld	Verwendung
Betreff:	Geben Sie der Rechnung einen eindeutigen und aussagekräftigen Namen. Es ist sinnvoll, den Kundennamen und evtl. Produkte/Dienstleistungen mit zu erwähnen, wie z.B. „Muster GmbH -Beratung".
Verkaufsbestellung:	Sie können eine Bestellung auswählen, auf die sich diese Rechnung bezieht.
Rechnungsnummer:	Das CRM System schlägt Ihnen automatisch eine Rechnungsnummer vor. Diese Nummer basiert auf der letzten bereits existierenden Rechnungsnummer und addiert 1 zu dieser Nummer. Im Kapitel 5.5.5 ist erklärt, wie Sie Ihren eigenen Standard für die Generierung von Rechnungsnummern setzen können.
Kundennummer:	Es kann sein, dass Sie in Ihrem Unternehmen Kundennummern verwenden. Für diesen Fall können Sie hier eine Kundennummer eingeben. Im Zweifel wenden Sie sich an die Finanzbuchhaltung.
Rechnungsdatum:	Sie müssen ein Rechnungsdatum angeben.
Fälligkeit:	Sie sollten ein Datum der Fälligkeit angeben.
Auftrag:	Sie können sich auf eine Einkaufsbestellung im CRM beziehen.
Kommission:	Dieses Feld kann genutzt werden, um eine numerische Angabe für eine Verkaufskommission der Bestellung hinzuzufügen.

Die Bedeutung und Funktion der anderen Eingabefelder sind identisch zu den Feldern, die im Kapitel Angebote beschrieben worden sind.

Wenn Sie mit Rechnungen arbeiten, sollten Sie beachten, dass es in den meisten Fällen notwendig ist, fortlaufende Rechnungsnummern zu haben. Sie sollten es deshalb vermeiden, Rechnungen zu löschen. Das CRM erlaubt es Ihnen nicht, einmal verwendete Rechnungsnummern noch einmal zu verwenden. Wird eine Rechnung nicht mehr benötigt, so sollte man entweder den Rechnungsbetrag auf 0,00 EUR setzen oder besser eine Gutschrift (im Feld **Status** zu wählen) im CRM erzeugen.

3.4   Kampagnen

Das CRM unterstützt Ihre Marketingaktivitäten mit einem Kampagnenmodul. Sie können eine Kampagne z.B. dazu nutzen Serien E-Mails oder Serienbriefe zu versenden und dabei später auch im CRM verfolgen, wer die Empfänger Ihrer Aktivitäten gewesen waren.

Gehen Sie dazu auf das **[Marketing] > [Kampagnen]** Menü.
Durch einen Klick auf den **[Kampagne hinzufügen]** Button oberhalb der Liste können Sie eine neue Kampagne anlegen. Die Bearbeitungsansicht ist in der Abbildung 3-17 zu sehen.

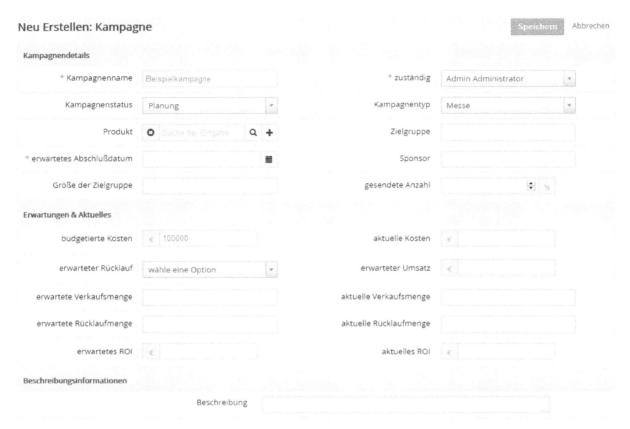

Abbildung 3-17: Kampagne - Erstellansicht

Die angebotenen Standardinformationen sind selbsterklärend und können, müssen aber nicht ausgefüllt werden. Klicken Sie auf **[Speichern]**, um Ihre Angaben an das CRM zu übertragen.

Um mit einer Kampagne zu arbeiten, klicken Sie auf den Namen der Kampagne in der Listenansicht. Danach werden Ihnen unmittelbar die Stammdaten angezeigt und rechts daneben die bezogene Liste mit Personen, Leads, Organisationen usw.
Klicken Sie z.B. auf **[Personen]**, öffnet sich das Menü zur Bearbeitung von Personen in Bezug zu der Kampagne, wie in der Abbildung 3-18 zu sehen.
Sie können sowohl einzelne Kontakte als auch Kontaktlisten zu einer Kampagne hinzufügen. Die Listen müssen aber zuvor als benutzerdefinierte Liste in der jeweiligen Listenansicht von Personen oder Leads erstellt worden sein. Im Einzelnen ist z.B. für Personen folgender Ablauf zu empfehlen:

Abbildung 3-18: Kampagne – Detailansicht für bezogene Personenliste

1. in der Listenansicht von Personen

- Sollten Sie noch keine Personen im CRM eingetragen haben, so können Sie diese importieren.
- Erstellen Sie eine benutzerdefinierte Listenansicht, in der alle Kontakte enthalten sind, welche Sie in einer Kampagne verwenden wollen (siehe Kapitel 2.2.3).

2. in der Listenansicht von Kampagnen:

- Legen Sie eine neue Kampagne an.
- In der Detailansicht gehen Sie zu den kontaktbezogenen Listen.
- **wähle zu ladende Liste**: hiermit können Sie eine benutzerdefinierte Liste auswählen. In diesem Beispiel laden Sie Ihre entsprechende Liste aus den Personen.
- **wähle Personen**: hiermit können Sie Personen aus dem gesamten Datenbestand einzeln hinzufügen
- **erstelle Person**: hiermit können Sie eine Person direkt zu der Personenliste hinzufügen
- Wählen Sie die Personen, welche in die Kampagne aufgenommen werden sollen.

Um eine Massen E-Mail an die ausgewählten Kontakte in einer Kampagne zu senden, klicken Sie auf den **[Ende E-Mail]** Button. Für die Verwendung in Serienbriefen ist das Word Plugin (siehe 6) notwendig.

Hinweis: Zu einer Kampagne hinzugefügte Kontakte können Sie nur einzeln löschen.

3.5 Produktbezogene Eingaben

Unter dem Begriff Produkte werden im CRM System alle die von Ihrem Unternehmen fest gepreisten Waren verstanden. Ähnlich wie in einem Katalog können Sie hier Ihre Produkte erfassen, kategorisieren und einen Preis geben. In Ergänzung dazu, können im CRM auch Dienstleistungen erfasst werden. Hinweise dazu finden Sie im Kapitel 3.6.

3.5.1 Produkte

Das CRM System erlaubt Ihnen, die von Ihrem Unternehmen angebotenen Produkte zu erfassen und während der Erfassung der Daten für Verkaufsprozesse mit Ihren Kundendaten zu verknüpfen.

Um ein neues Produkt anzulegen, klicken Sie auf den **[Produkt hinzufügen]** Button im **[Bestand]** > **[Produkte]** Menü. Es öffnet sich das in der Abbildung 3-19 zu sehende Eingabefenster.

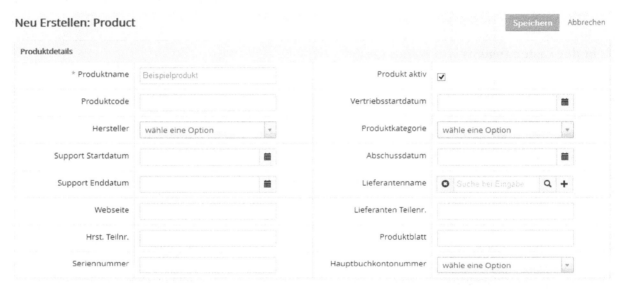

Abbildung 3-19: Neues Produkt – Erstellansicht (Ausschnitt)

Sie können die nachfolgenden Produktinformationen im CRM hinterlegen. Die Produktnummern werden beim Erstellen von neuen Produkten entsprechend der Einstellungen des CRM Administrators vergeben. In den nachfolgenden Tabellen werden einige Eingabefelder und deren Verwendung erläutert.

Produktinformation

Tabelle 3-8: Liste der Eingabefelder für Produktinformation

Eingabefeld	Verwendung
Produkt:	Sie müssen einem Produkt einen eindeutigen Namen geben. Bitte beachten Sie, dass der Produktname auch in den PDF Ausgaben verwendet wird und deshalb dessen Länge durch das CRM beschränkt ist.
Produktcode:	Tragen Sie hier die Bestellnummer ihres Produktangebotes ein.
Produkt aktiv:	Hier kennzeichnen Sie, ob das Produkt aktiv verkauft wird. Nur aktive Produkte stehen Ihnen für das Erstellen von neuen Angeboten, Bestellungen und Rechnungen zur Verfügung.

Eingabefeld	Verwendung
Produktkategorie:	Sie können Ihr Angebot kategorisieren. Die Auswahlliste kann Ihr Administrator Ihren Bedürfnissen anpassen.
Support Start und Ende:	Vermerken Sie hier, in welchem Zeitraum das Produkt von Ihrem Unternehmen unterstützt wird.
Lieferantenname:	Wenn Sie Produkte verkaufen, die Sie zuvor einkaufen, können Sie hier den Lieferanten auswählen.
Seriennummer:	Falls jedes Produkt eine spezielle Seriennummer hat, dann können Sie diese hier eintragen. Wenn Sie individuelle Seriennummern verwalten müssen, so lassen Sie dieses Feld frei und benutzen Sie das CRM Produktverwaltung- Erweiterungsmodul.
Hauptbuchkontonr.:	Hier können Sie das Produkt oder die Dienstleistung einem Einkommenskonto aus Ihrer Finanzbuchhaltung zuordnen. Die Auswahlliste kann Ihr Administrator Ihren Bedürfnissen anpassen.

Preisinformation

Tabelle 3-9: Liste der Eingabefelder für Preisinformation

Eingabefeld	Verwendung
Einheitenpreis:	Hier können Sie den Standardpreis für Ihren Einkauf vermerken. Der Verkaufspreis kann auch davon abweichend über die Preislisten festgelegt werden (siehe Kapitel *Preislisten*).
Kommission (%):	Hier können Sie Angaben zur Kommission (in %), z.B. an Ihren Händler, machen. Das dient nur zur Erfassung. Ggw. sind damit keine weiteren CRM Funktionen verknüpft.
Mwst.:	Das CRM unterstützt bis zu drei verschiedene Steuertypen (in %). Diese können von Ihrem CRM Administrator festgelegt und von Ihnen modifiziert werden.
weitere Währungen:	Standardmäßig, wird ein Produkt in der Währung angelegt, welche dem CRM Nutzer zugewiesen wurde. Sie können hier eine andere Währung auswählen, wenn diese durch den CRM Administrator zuvor bereitgestellt wurde.

Steuern

Zu einem Produkt können bis zu 3 Steuerarten hinterlegt werden, die dann bei der Erstellung von Angeboten, Bestellungen oder Rechnungen zur Anwendung kommen.

Standardmäßig sind Mehrwertsteuer, Verkaufs-, und Servicesteuer vorhanden. Wenn diese nicht alle zur Anwendung kommen sollen (in Deutschland ist z.B. nur die Mehrwertsteuer relevant), so sollten die nicht benötigten Steuerarten durch den CRM Administrator entfernt werden. Wie das geht, ist im Kapitel 5.5.6 beschrieben.

Lagerinformation

Mit Hilfe des CRM können Sie ein Lager verwalten. Hier können Sie die Lagerinformationen definieren und einen Verantwortlichen für das Lager festlegen. Der CRM Administrator legt fest, ob der Lagerbestand in Bezug auf eine Verkaufsbestellung oder einer Rechnung reduziert werden soll.

Tabelle 3-10: Liste der Eingabefelder für Lagerinformation

Eingabefeld	Verwendung
Mengeneinheit:	Hier können Sie auswählen, in welchen Einheiten ein Produkt in Ihrem Lager geführt wird. Die Auswahlliste kann Ihr Administrator Ihren Bedürfnissen anpassen.
Menge/Einheit:	Hier können Sie vermerken, in welchen Mengen bzw. Einheiten ein Produkt im Lager liegt (z.B. 15 = Packung mit 15 Stück).
Lagerbestand:	Hier können Sie Ihren Lagerbestand angeben. Bitte beachten Sie, dass der aktuelle Bestand vom CRM System, basierend auf Ihren Verkäufen, automatisch angepasst wird.
Minimalbestand:	Hier können Sie vermerken, wie groß Ihr Minimalbestand im Lager sein soll. Das CRM System informiert den Verantwortlichen automatisch mit einer E-Mail, wenn der Minimalbestand unterschritten wird.
Verantwortlicher:	Hier können Sie einen verantwortlichen CRM Nutzer für das Lager festlegen. Der Verantwortliche wird durch automatische E-Mails aus dem CRM informiert, wenn Minimalbestand für das Lager erreicht wird, so dass er ggf. einen entsprechenden Einkauf veranlassen kann.
Bestellmenge:	Hier können Sie vermerken, wie groß die übliche Bestellmenge für einen Produkteinkauf ist.

Produktbild

Sie können Ihrem Produkt bis zu 6 Bilder zuordnen. Das CRM System speichert Bilder in den Formaten *.jpg, *.gif, *.png. Die Dateierweiterungen .jpg, .gif, .png müssen kleingeschrieben sein. Wenn Sie Großbuchstaben wie z.B. .JPG benutzen, kann das zu einer Fehlermeldung im CRM System führen.

Sie sollten die Dateigröße klein halten. In Abhängigkeit der Geschwindigkeit Ihres Zugangs zum CRM System kann es sonst bei großen Bildern zu längeren Wartezeiten kommen.

Zusatzinformation

Im Feld Beschreibungen können Sie weitere Produktinformationen hinterlegen.

Klicken Sie auf **[Speichern]** um Ihre Angaben an das CRM System zu übertragen. Es öffnet sich automatisch die Produkt Detailansicht mit Ihren Stammdaten, in der Sie die Produktangaben überprüfen können.

Auf der rechten Seite werden in der Detailansicht die zu dem gehörenden bezogenen Listen angezeigt. Die meisten sind selbsterklärend und es soll deshalb hier nur auf die speziellen Listen Produktbündel und Eltern-Produkt eingegangen werden.

Mit einem Produktbündel können Sie mehrere Produkte zu einer Einheit zusammenfassen. So ist z.B. ein Getriebe ein Produktbündel aus vielen Einzelprodukten, wie Zahnräder, Wellen, Dichtungen usw.

Tabelle 3-11: Spezielle bezogene Listen für Produkte

Listenname	Verwendung
Produktbündel:	Sie können andere Produkte zu Ihrem Produkt hinzufügen. Ihr Produkt wird dadurch zum Eltern- oder Hauptprodukt. Die Bündel stehen Ihnen dann zur Auswahl bei der Erstellung von Angeboten, Bestellungen und Rechnungen zur Verfügung. Nähere Details dazu werden im nachfolgenden Kapitel erläutert.
Eltern-Produkt:	Wenn Ihr Produkt Teil eines Produktbündels ist, wird hier das sich darauf beziehende Hauptprodukt angezeigt.

3.5.2 Produktbündel

Sie können Ihre existierenden Produkte in Bündel zusammenfassen. Dadurch erreichen Sie eine hierarchische Anordnung im CRM, in der Unterprodukte zu einem Hauptprodukt hinzugefügt werden. Ein Beispiel soll das veranschaulichen: Ihr Hauptprodukt, kann z.B. ein Drucker sein, dem Sie die verschiedensten Druckerpatronen als Unterprodukte zuordnen.

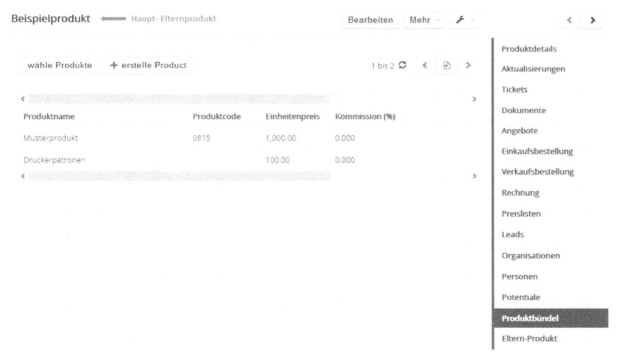

Abbildung 3-20: Produktauswahl für ein Produktbündel

Ein Produkt kann ein Unterprodukt für eine unbegrenzte Anzahl von Hauptprodukten sein, aber ein Hauptprodukt kann kein Unterprodukt zu einem anderen Hauptprodukt werden.
Um ein Produktbündel hinzuzufügen, erstellen Sie zuerst ein Hauptprodukt.

Danach klicken Sie in der Detailansicht auf der rechten Seite die bezogene Liste **[Produktbündel]**, zu sehen in Abbildung 3-21, um diesem Hauptprodukt über die Buttons **[wähle Produkte]** und **[erstelle Produkt]** Unterprodukte hinzu zu fügen.

Um diese Produktbündel in Angeboten, Bestellungen oder Rechnungen zu nutzen, öffnen Sie das Produktauswahlmenü. In dem sich öffnenden Fenster sehen Sie eine Liste Ihrer Hauptprodukte. Klicken Sie auf **[Unterprodukte]** um eine Liste der Unterprodukte zu bekommen, wie in der Abbildung 3-21 zu sehen. Aus dieser Liste der Unterprodukte können Sie dann ebenfalls Produkte in Ihr Angebot etc. übernehmen.

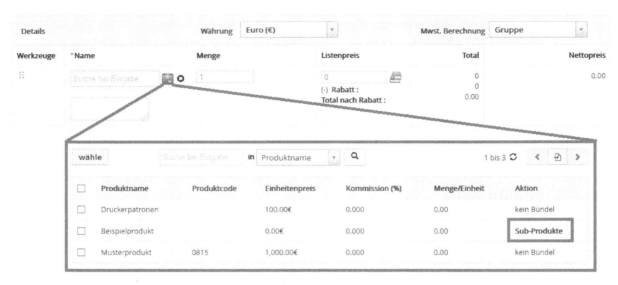

Abbildung 3-21: Produktauswahl für ein Produktbündel

3.5.3 Preislisten

Das CRM System gibt Ihnen die Möglichkeit, mit verschiedenen Preislisten zu arbeiten. Sie können eine unbegrenzte Anzahl von Preislisten erstellen. Beispiele dafür sind Preislisten für Endkunden, Händler oder Sonderaktionen.

Preislisten erstellen

Um eine neue Preisliste zu erzeugen, klicken Sie auf den **[Preisliste hinzufügen]** Button im **[Bestand] > [Preislisten]** Menü. Die Erstellansicht für eine neue Preisliste ist in der Abbildung 3-22 dargestellt.

Abbildung 3-22: Neue Preisliste - Erstellansicht

In dem Menü können Sie der Preisliste einen eindeutigen Namen geben, diese für Angebote, Bestellungen und Rechnungen aktiv schalten, die Währung bestimmen und mit zusätzlichen Angaben versehen. Klicken Sie auf **[Speichern]**, um Ihre Angaben zu sichern und eine neue Preisliste anzulegen.

Es öffnet sich die Detailansicht, wie in der Abbildung 3-23 dargestellt.

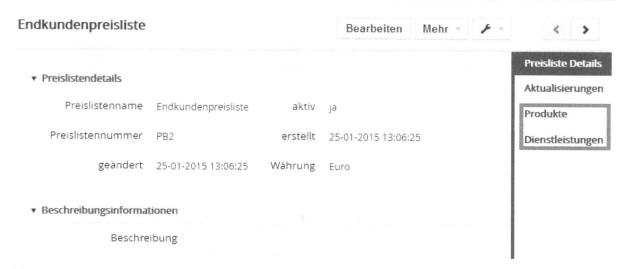

Abbildung 3-23: Preisliste - Detailansicht

Preislisten bearbeiten

Um Produkte oder Dienstleistungen zu einer Preisliste hinzuzufügen, klicken Sie auf den **[Produkte]** oder **[Dienstleistungen]**, wie in Abbildung 3-24 zu sehen.

Klicken Sie den **[wähle Produkte]** Button. In dem sich öffnenden Fenster werden nur aktive Produkte angezeigt. Wenn Sie ein Produkt nicht sehen, obwohl es im Produktkatalog vorhanden ist, überprüfen Sie den Produktstatus im Produktkatalog.

Abbildung 3-24: Produkt zu einer Preisliste hinzufügen

Sie wählen die Produkte für die Preisliste aus, indem Sie diese mit der Checkbox am Anfang einer Zeile markieren. Sie sollten außerdem den Listenpreis definieren. Der Listenpreis ist nur für diese spezielle Preisliste gültig. Als Referenz wird dazu der Einheitenpreis aus dem Produktkatalog angezeigt.

Abbildung 3-25: Preisliste Produktauswahlliste

Klicken Sie auf den **[zur Preisliste hinzufügen]** Button, um die ausgewählten Produkte in die Preisliste zu übernehmen.

Wenn Sie Ihre Preislisten für die Erstellung eines Angebotes, einer Einkaufs- oder Verkaufsbestellung bzw. einer Rechnung heranziehen, werden Ihnen alle Preislisten zur Auswahl angezeigt, welche das zuvor ausgewählte Produkt bzw. die Dienstleistung enthalten. Für Produkte oder Dienstleistungen, die in keiner Preisliste enthalten sind, steht Ihnen natürlich dann auch die Funktion zur Auswahl einer Preisliste nicht zur Verfügung. Es wird daher empfohlen, immer mit Preislisten zu arbeiten.

3.5.4 Lieferanten

Lieferanten sind Zulieferfirmen für Ihren eigenen Bedarf oder für den Bedarf Ihrer Kunden, der über Ihr Unternehmen bedient wird. Sie können im CRM System eine unbegrenzte Anzahl von Lieferanten erfassen und diese in Ihrer Arbeit mit Kunden berücksichtigen.

Um einen neuen Lieferanten anzulegen, klicken Sie auf den **[Erstelle Lieferant]** Button im **Lieferanten** Menü. Das sich öffnende Fenster, ist in der Abbildung 3-26 in einem Ausschnitt dargestellt.

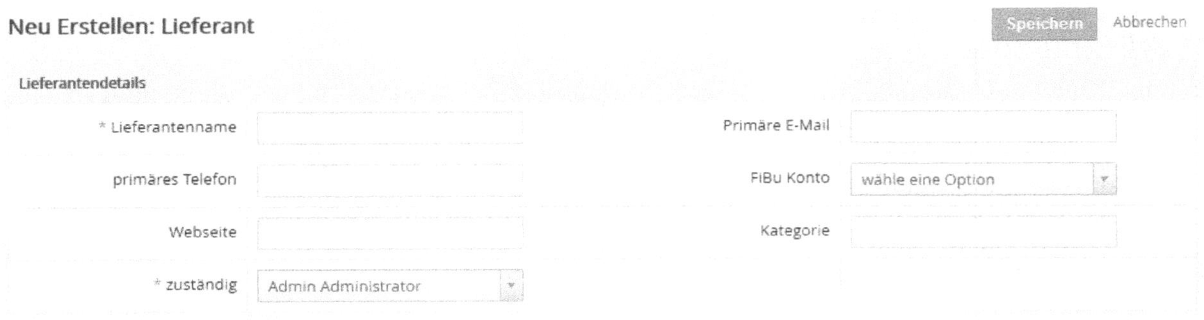

Abbildung 3-26: Neuer Lieferant - Erstellansicht

Erfassen Sie in den Stammdaten die Informationen, die Ihnen wichtig sind. Klicken Sie auf **[Speichern]**, um die Angaben im CRM zu hinterlegen. Ihre gesamte Lieferantenliste steht Ihnen dann im **Lieferanten** Menü zur Verfügung.

Nach dem Speichern der Lieferantenangaben, haben Sie die Möglichkeit, Lieferantenangaben mit weiteren Informationen aus Ihrem CRM über bezogenen Listen auf der rechten Seite zu verknüpfen.

Die Lieferantenangaben, können Sie dann für Einkaufsbestellungen nutzen.

3.5.5 Import und Export von Produkten

Mit Hilfe von Import- und Exportfunktionen können Sie Daten zwischen der CRM Software und einer großen Anzahl von Programmen auf Ihrem Computer austauschen. Alle Angaben zu Produkten können exportiert oder importiert werden.

Sie können einen Import oder Export starten, wenn Sie sich die Listenansicht im **Produkt** Menü anzeigen lassen. Oberhalb der Liste finden Sie den **[Aktionen]** Button, der zu den Import- und Exportfunktionen führt, wie in Abbildung 3-27 gezeigt.

Die Import und Exportfunktionen stehen Ihnen nur dann zur Verfügung, wenn Sie für die Funktion auch eine Berechtigung haben. Die Berechtigungen werden durch den CRM Systemadministrator vergeben.

Abbildung 3-27: Import und Export von Produkten

Weitere Informationen können Sie dem Kapitel 3.1 entnehmen. Sinngemäß sind die Angaben aus diesem Kapitel auch für Produkte gültig.

3.6 Dienstleistungsbezogene Eingaben

Um ein Dienstleistungsangebot im CRM verwalten zu können, steht Ihnen die Möglichkeit zur Verfügung Dienstleistungen als auch Serviceverträge zu erfassen.

3.6.1 Dienstleistung erfassen

Ähnlich wie im vorhergehenden Kapitel für Produkte beschrieben, können Sie im CRM eine Liste aller Ihrer Dienstleistungen erstellen, mit Preisen versehen und in Angeboten, Bestellungen oder Rechnungen auch in Verbindung mit Produkten nutzen.
Natürlich gibt es, im Unterschied zu den Produkten, bei den Dienstleistungen keine Lagerhaltung.

3.6.2 Serviceverträge

Im CRM können Serviceverträge, welche mit Organisationen oder Personen abgeschlossen wurden, erfasst werden. Im **Serviceverträge** Menü können Sie einen solchen Vertrag durch einen Klick auf den **[Servicevertrag hinzufügen]** erstellen, wie in Abbildung 3-28 dargestellt.

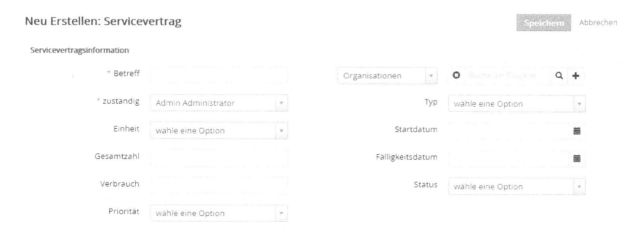

Abbildung 3-28: Servicevertrag - Erstellansicht

Stammdateninformation

Tabelle 3-12: Spezielle Standardfelder für Serviceverträge

Eingabefeld	Verwendung
Betreff:	Sie müssen jedem Vertrag einen eindeutigen Namen geben.
bezogen auf:	Sie sollten einen Vertrag entweder mit einer Person oder mit einer im CRM bereits vorhandenen Organisation verbinden.
Einheit:	Wählen Sie die Einheit, welche den Umfang der Serviceleistungen beschreibt.
Gesamtzahl:	Geben Sie hier die Menge bezogen auf die Einheit an.
Verbrauch:	Hier können Sie die bereits durch einen Service erbrachten Mengen erfassen. Diese wird dann in Bezug auf die Gesamtzahl genutzt, um eine Prozentangabe zur Erfüllung des Service Vertrages in der Listenansicht von Serviceverträgen zu machen.

Klicken Sie auf **[Speichern]** um Ihre Angaben im CRM System zu sichern.

4 Mit dem CRM arbeiten

Dieser Teil erläutert, wie man effektiv mit dem CRM arbeiten kann, um einen Verkaufsprozess vollständig zu begleiten. Es werden Hinweise zur Rationalisierung der Arbeit gegeben und alle die dafür zur Verfügung stehenden Funktionen erläutert.

4.1 Allgemeine Hinweise

4.1.1 Tag Cloud

Tag Clouds, oder auch Tag Wolken genannt, dienen zur Verbesserung der Bedienung des CRM Systems. Sie bieten die Möglichkeit, neue Kategorien oder Gruppen einzuführen, die auf dem subjektiven Bedarf einzelner Nutzer beruhen. Sie können praktisch jeden Datensatz „taggen". Das Menü Abbildung 4-1 aus steht Ihnen in den Detailansichten auf der linke Seite zur Verfügung.

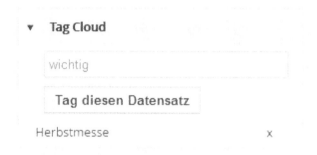

Abbildung 4-1: Tag Cloud

Tags bestehen immer aus einem Wort und können vollkommen frei gewählt werden. Sie können z.B. solche Ausdrücke verwenden, wie z.B. „wichtig", „Vorschlag", „Privat", „Berlin", „Sommer" usw.
Sie können keine zusammengesetzte Ausdrücke oder Sätze verwenden. Je mehr CRM Einträge den gleichen Tag besitzen, umso mehr werden die Tags in der Wolke hervorgehoben.

Ein Beispiel soll den Nutzen einer Tag Wolke verdeutlichen: Sie wollen eine Messe vorbereiten. Dazu sind spezielle Kunden und Interessenten einzuladen, Messevorbereitungen zu treffen und Termine zu planen. Sie versehen nun alle für die Messe relevanten CRM Einträge mit dem gleichen Tag.
Wenn Sie dann auf den Tag-Namen klicken, werden Ihnen alle dazugehörenden Dateneinträge in einer Liste gezeigt, wie in Abbildung 4-2 gezeigt.

Abbildung 4-2: Ergebnisanzeige für Tag Suche

4.1.2 Duplikate erkennen und entfernen

Duplikate von Datensätze sind für die CRM Nutzung unbrauchbar. Zum Beispiel wäre es wahrscheinlich sehr schädlich, wenn Sie zweimal den gleichen Ansprechpartner für ein Unternehmen im CRM erfasst haben und Sie und Ihr Kollege je einen unterschiedlichen Datensatz im CRM pflegen.

Um das zu vermeiden, wurden im CRM einige Vorkehrungen getroffen, welche die Eingabe von Duplikaten erschweren oder unmöglich machen. Zum Beispiel wird bei dem Erstellen einer neuen Organisation überprüft, ob ein solcher Organisationsname bereits existiert, oder Sie können beim Import von Datensätzen angeben, wie mit erkannten Duplikaten umgegangen werden soll. Trotzdem kann es vorkommen, dass Sie Duplikate im CRM versehentlich anlegen. Das kann z.B. passieren, wenn zwei unterschiedliche Benutzer Daten durch die Synchronisation mit Outlook in das CRM importieren.

Um Duplikate zu finden und gezielt zu entfernen, klicken Sie in einer Listenansicht auf **[Aktionen -> Finde Duplikate]**. Es öffnet sich ein Menü zur Einstellung der Kriterien für die Duplikatsuche, wie in der Abbildung 4-3 gezeigt.

Wählen Sie aus der Liste der vorhandenen Felder die aus, die für Ihre Duplikatsuche notwendig sind. Es ist häufig sinnvoll, zuerst nur ein oder zwei Felder auszuwählen. Ist die daraus resultierende Liste zu lang, können in einem weiteren Suchlauf weitere Felder hinzugefügt werden.

Klicken Sie auf **[Finde Duplikate]** um den Suchvorgang zu starten. Bei großen Datenmengen im CRM kann eine Suche schon etwas dauern.

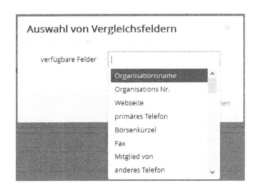

Abbildung 4-3: Auswahl von Vergleichsfeldern für die Duplikatssuche

Ist die Suche abgeschlossen, werden alle als Duplikate erkannten Datensätze in einer Liste, wie in Abbildung 4-4 gezeigt, zur weiteren Bearbeitung bereitgestellt.

Sie können bis zu 3 Datensätze gleichzeitig zusammenführen. Haben Sie mehr als 3 Duplikate zu einem Datensatz, müssen Sie den Durchlauf noch einmal machen.

Abbildung 4-4: Suchergebnis für Duplikate

Markieren Sie die Datensätze, die Sie näher untersuchen wollen und klicken Sie auf **[Zusammenführen]**.

In dem danach angezeigten Eingabemenü, siehe Abbildung 4-5, werden die Feldinhalte Ihrer Datensätze gelistet. Sie müssen zuerst Ihren primären Datensatz auswählen. Das ist der Datensatz, welcher im CRM nach dem Entfernen der Dubletten erhalten bleiben soll. Danach können Sie von den anderen Datensätzen noch einzelne Felder markieren um ggf. auch deren Informationen in den primären Datensatz zu übernehmen.

Klicken Sie auf den **[Zusammenführen]** Button um den Prozess abzuschließen. Ihr primärer Datensatz wird aktualisiert und die anderen Datensätze werden in den Papierkorb verschoben.

Achten Sie auf jeden Fall auf das Feld mit dem Namen **zuständig**, was den Eigentümer eines Datensatzes bestimmt. Stellen Sie sicher, dass Sie den richtigen Eigentümer in den primären Datensatz übernehmen.

Datensatz zusammenführen zu > Organisationen

Nach der Zusammenführung wird der primäre Datensatz behalten. Sie können in den Spalten Ihre Auswahl treffen. Der andere Datensatz wird in den Papierkorb verschoben.

Felder	Datensatz #1 ⦿	Datensatz #2 ◯
Organisationsname	⦿ Muster AG	◯ Muster AG
Webseite	⦿	◯
primäres Telefon	◯	⦿ 31231
Börsenkürzel	⦿	◯
Fax	⦿	◯
Mitglied von	⦿	◯
anderes Telefon	⦿	◯

--- snip

Abbildung 4-5: Duplikate zusammenführen

4.1.3 Kalendererinnerungs-Popup

Jeder Nutzer kann eine Erinnerungsfunktion für Aktivitäten aktivieren, indem das Erinnerungsintervall im **[Meine Einstellungen]** Menü entsprechend einstellt. Wenn aktiviert, wird jedes Mal wenn eine Aktivität fällig ist, im Browser ein Popup Fenster angezeigt.

Dieses Fenster zeigt die Zeit, den Status und den Betreff der Aktivität an. Sie können die Benachrichtigung auf einen späteren Zeitpunkt verschieben.

Anruf - Jour Fix

Start Datum & Zeit : 28-07-2014 08:15:00
End Date & Time : 28-07-2014 09:05:00   **aufschieben**

Abbildung 4-6: Kalendererinnerung

4.1.4 Sende und Empfange E-Mails

Das CRM bietet Ihnen eine Vielzahl von Möglichkeiten, E-Mails in Ihre Arbeit mit Kunden, Kollegen, Lieferanten oder anderen Kontakten einzubinden. Sie können:

- **E-Mails direkt aus dem CRM versenden:** Diese Funktion ist im nachfolgenden Kapiteln 4.1.4.1 und 4.1.4.2 erläutert.
- **E-Mails, die Sie in Ihrer Büroumgebung oder zu Hause empfangen haben, im CRM ablegen:** Zusätzlich zu dem CRM System stehen Ihnen ein Outlook Plugin und eine Thunderbird/Mozilla E-Mail Client Erweiterung zur Verfügung. Diese zusätzlichen Programme können auf Ihrem Computer installiert werden.
- **E-Mails direkt im CRM empfangen:** Diese Funktion ist im Kapitel 4.1.4.3 erläutert.

Zu diesem Zweck müssen Sie sowohl den Zugang für einen Mailserver für alle ausgehenden E-Mails konfiguriert haben, als auch die individuellen Zugänge der einzelnen Nutzer für Ihre empfangende Mailbox konfigurieren.

Die Einrichtung des Zuganges für ausgehende E-Mails wird vom Administrator vorgenommen, wie im Kapitel 5.5.2 erläutert ist. Die Zugänge für die empfangenden E-Mail Server müssen und können für jeden Nutzer individuell eingerichtet werden.

4.1.4.1 E-Mails versenden

Für den E-Mail Versand aus dem CRM haben Sie prinzipiell zwei Herangehensweisen:

a. Sie können im CRM System aus den Detail- oder Listenansichten von Personen, Organisationen oder Leads E-Mails direkt versenden. Auf diesem Weg stellen Sie sicher, dass die versendeten E-Mails dann auch in Referenz zu den Kontakteinträgen stehen. Sie finden solche Einträge dann in der bezogenen Liste der Detailansicht eines Kontaktes.

b. Sie können eine E-Mail direkt im **Mail Manager** erzeugen. Hier müssen Sie dann die Referenzen zu existierenden Personen, Organisationen, Leads oder Benutzern selbst herstellen.

Im Folgenden wird erläutert, wie der E-Mail Versand aus den Ansichten erfolgt. Die Funktionen des Mail Manager sind im Kapitel 4.1.4.3 mit erläutert.

Wenn Sie in einer Detail- oder Listenansicht auf **[Sende E-Mail]** klicken, öffnet sich das in der Abbildung 4-7 gezeigte Popup Fenster zum Erstellen einer neuen E-Mail.

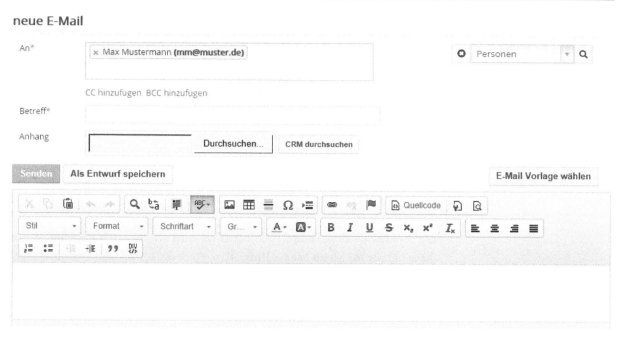

Abbildung 4-7: Erstelle E-Mail Menü

Zu einer neuen E-Mail können Sie folgende Angaben machen:

Tabelle 4-1: E-Mail Angaben

Eingabefeld	Verwendung
An:	Hier wählen Sie die E-Mail Adressen der Empfänger aus den im CRM System angelegten Kontakten. Beachten Sie, dass das CRM sich anders verhält als Ihr eigenes E-Mail Programm. **Im CRM erhält jeder Empfänger seine eigene E-Mail, ohne dass er sieht an wen diese E-Mail noch ging.** D.h., dass bei Versand nicht nur eine E-Mail an alle Empfänger gesendet wird, sondern dass jeder Eintrag im An Feld eine separate E-Mail generiert, wo nur ein Empfänger im An Feld steht.
CC:	„CC" ist eine Abkürzung für Carbon Copy. Hier geben Sie die Empfänger an, die eine Kopie erhalten sollen. Sie können hier auch E-Mail Adressen angeben, die nicht im CRM System abgelegt sind.
BCC:	„BCC" ist eine Abkürzung für Blind Carbon Copy. Diese Empfänger sind für die anderen Adressaten nicht sichtbar. Sie können hier auch E-Mail Adressen angeben, die nicht im CRM System abgelegt sind.
Betreff:	Sie müssen einen Betreff für eine E-Mail angeben.
Anhang:	Sie können eine Datei als Anhang zur E-Mail hinzufügen. Die Anzahl der Anhänge zu einer E-Mail ist auf 6 begrenzt. Mit dem Button **[CRM durchsuchen]** können Sie im CRM gespeicherte Dokumente direkt hinzufügen.

Die Buttons im unteren Bereich haben folgende Funktionen:

Tabelle 4-2: Weitere E-Mail Angaben

Button	Verwendung
E-Mail Vorlage wählen:	Das CRM bietet die Möglichkeit, mit E-Mail Vorlagen zu arbeiten. Solche Vorlagen müssen jedoch zuvor erstellt werden wie es in Kapitel 4.1.5 **E-Mail Vorlagen** erklärt wird.
Als Entwurf speichern:	Sie können eine E-Mail im CRM System speichern, ohne dass diese gesendet wird. Diese E-Mail können Sie dann bei den im An Feld angegeben Kontakten finden.
Senden:	Die E-Mail wird versandt. Eine Signatur wird automatisch angefügt, wenn diese vorher im Menü Meine Einstellungen definiert wurde. Der CRM Nutzer, der die E-Mail versendet, wird auch der Eigentümer dieser E-Mail und erhält automatisch eine Kopie zugesendet.

Um einen E-Mail Adressaten zu bestimmen können Sie auch innerhalb der Felder einen Namen eingeben und nach dem entsprechenden Kontakt im CRM suchen, wie in der nachfolgenden Abbildung 4-8 gezeigt.

Abbildung 4-8: E-Mail Adressaten Suche

Nach Eingabe des 3. Zeichens, werden die Daten im CRM durchsucht und Übereinstimmungen angezeigt. Klicken Sie dann auf dem entsprechenden Eintrag, um die Angaben zu übernehmen.

4.1.4.2 Massen E-Mails

Das CRM System bietet Ihnen die Möglichkeit, mehreren Kontakten bzw. Personen gleichzeitig die gleiche, aber auch individualisierte, E-Mail zu senden. Sie können diese Funktion für Massen E-Mails verwenden. Es wird empfohlen, solche Mails aus der Listenansicht Ihrer Kontakte oder noch besser aus einer Kampagne zu generieren. Nachfolgend sind die Schritte für eine Mail aus der Listenansicht erläutert.

- Erzeugen Sie eine individuelle Liste Ihrer Leads, Personen oder Organisationen, wie im Kapitel: Individuelle Listen erstellen beschrieben. Nutzen Sie die Filterfunktionen, um die Empfänger auszusortieren.
- Speichern Sie die Liste.
- Lassen Sie sich die Liste anzeigen und markieren Sie die Einträge aus der Liste.

Klicken Sie auf den **[Sende E-Mail]** Button, wie in der Abbildung 4-9 zu sehen.

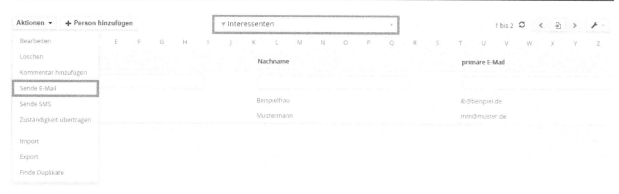

Abbildung 4-9: Massen-Mail Auswahl

Das Fenster zur Erstellung von E-Mails öffnet sich mit den E-Mail Adressen der ausgewählten Kontakte, wie beispielhaft in der Abbildung 4-7 gezeigt wird. Erstellen Sie Ihre E-Mail. Sie können auch noch weitere E-Mail Empfänger direkt eintragen.

Klicken Sie auf den **[Senden]** Button für einen sofortigen Versand oder den **[Speichern]** Button um die E-Mail für einen späteren Versand zu speichern.

In der bezogenen Liste zur Detailansicht der von Ihnen ausgewählten Kontakte wird eine Referenz zu der E-Mail automatisch erstellt.

4.1.4.3 Mit Mail Manager E-Mails empfangen

Zur Übertragung von E-Mails aus Ihren Büroanwendungen stehen Ihnen Programme sowohl für MS Outlook als auch Thunderbird/Mozilla zur Verfügung.
Im CRM selbst wird das Menü **Mail Manger** dafür bereitgestellt.

Das CRM empfängt E-Mails ungeschützt, d.h. dass die E-Mails nicht auf Viren oder andere Schädlinge aus dem Internet überprüft werden. Auch wenn diese keinen Schaden im CRM anrichten können, ist es doch ratsam, dass Sie in Ihrer Büroumgebung oder auf dem Server Schutzmaßnahmen treffen. Insbesondere benötigen Sie diese, wenn Sie E-Mails oder
Anhänge zu E-Mails aus dem CRM auf Ihren Computer übertragen.

Klicken Sie im Menü **[Mail Manager]** auf das **[Mailbox erstellen]**, um das Konfigurationsmenü für Ihren Mailserver zu öffnen, wie es in der Abbildung 4-10 zu sehen ist.

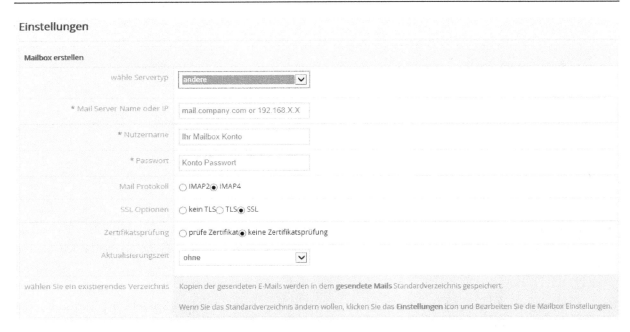

Abbildung 4-10: Mail Manager - Server Einstellungen

Geben Sie alle notwendigen Daten ein. Diese können in der Regel von Ihrem Dienstleister, der Ihnen den Mailserver bereitstellt, bezogen werden.

Tabelle 4-3: Eingehende E-Mail Servereinstellungen - Menüteil Servereinstellungen

Eingabefeld	Verwendung
Mailserver Name oder IP:	Sie müssen hier die Zugangsadressdaten für Ihren E-Mail Server eintragen. Es wird ausschließlich das **IMAP Protokoll** unterstützt.
Benutzer- und Passwort:	Hier werden das Kennwort und das Passwort für Ihren E-Mail Server angegeben.
Mail-Protokoll:	Sie können zwischen verschiedenen Protokollen zur Kommunikation mit Ihrem E-Mail Server wählen. In den meisten Fällen wird IMAP4 unterstützt. Auch wenn Sie das POP Protokoll auswählen, muss der E-Mail Server IMAP fähig sein.
Server SSL Optionen:	Hier können Sie auswählen, ob die Kommunikation verschlüsselt ablaufen soll.
Server Zertifikatsvalidierung:	Wenn Sie verschlüsselte E-Mails benutzen, können Sie hier entscheiden, ob das Zertifikat Ihres E-Mail Servers überprüft werden soll.
Server Refresh Timeout:	Hier wird festgelegt, wie oft der E-Mail Client nach neuen E-Mails auf Ihrem Server nachschauen soll.

Klicken Sie auf **[Speichern]**, um den Zugang zu dem Mail Server zu konfigurieren. Beim Speichern versucht das CRM eine Verbindung zu Ihrem E-Mail Server aufzubauen. Klappt das nicht, wird Ihnen eine Fehlermeldung angezeigt und Sie müssten Ihre Angaben korrigieren.

Klappt die Verbindung, so wird Ihnen der Inhalt Ihrer Mailbox angezeigt, wie in Abbildung 4-11 zu sehen. Auf der linken Seite sehen Sie die Verzeichnisse, welche auf Ihrem E-Mail Server für Ihre E-Mails angelegt wurden. Wollen Sie diese ändern, so müssen Sie das auf Ihrem E-Mail Server machen. Im CRM wird nur angezeigt was da ist.

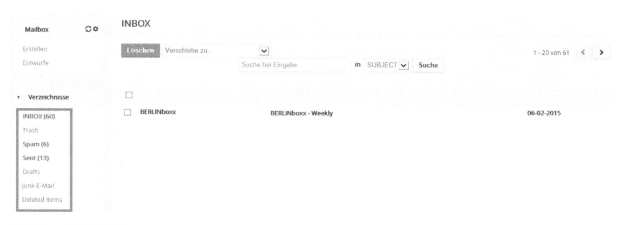

Abbildung 4-11: Mail Manger - E-Mail Liste

Die in dem Menü angebotenen Funktionen entsprechen denen, üblicher Mail Programmen.

Eine Besonderheit gibt es jedoch. Sie können eine E-Mail im CRM weiter bearbeiten, wenn Sie die Detailansicht einer E-Mail sind.
Wie in der Abbildung 4-12 zu sehen gibt es auf der rechten Seite ein Menü, was Ihnen anzeigt, ob die Absenderdaten der E-Mail bereits im CRM erfasst sind oder nicht. Sind Sie erfasst, wird Ihnen ein Link zu dem entsprechenden Dateneintrag mit angezeigt.

Abbildung 4-12: Mail Manager - Kontakte verwalten

Als Aktion können Sie in Bezug zu dieser E-Mail einen neuen Eintrag für Leads, Personen, Organisationen, Trouble Tickets oder Aufgaben erzeugen. Die dementsprechenden Menüs, die bei einer Auswahl aufgerufen werden, entsprechen den Angaben aus dem Schnellmenü und können mit Hilfe des Modulmanagers modifiziert werden.

4.1.5 E-Mail Vorlagen

Wenn Sie E-Mails aus dem CRM System versenden, ist es praktisch, bereits Vorlagen zu haben. Das können z.B. Standard E-Mails sein, die Sie beim ersten Kundenkontakt aussenden.

Um die bereits vorhandenen E-Mail Vorlagen zu sehen, klicken Sie auf das Menü [E-Mail Vorlagen]. In der Abbildung 4-13 sind ein Teil der Vorlagen zu sehen, die im CRM System zum Auslieferungszustand vorhanden sind. Sie können die vorhandenen Vorlagen verändern, löschen oder neue Vorlagen im CRM System hinterlegen.

E-Mail Vorlagen

Vorlagenname	Betreff	Beschreibung
Announcement for Release	Announcement for Release	Announcement of a release
Pending Invoices	Invoices Pending	Payment Due

Abbildung 4-13: E-Mail Vorlagen - Listenansicht

Um eine neue E-Mail Vorlage zu erstellen, haben Sie die Möglichkeit eine Vorlage mit Hilfe des HTML Editors zu erstellen.

Dabei können Sie mit Hilfe sogenannter Ersatzfelder die Vorlagen so gestalten, dass Informationen aus dem CRM beim Versenden automatisch übernommen werden. Als Ersatzfeld kann jedes Feld verwendet werden, was zu den Stammdaten eines Dateneintrages gehört.

Im Folgenden wird die Vorgehensweise für die Erstellung einer personalisierten Anrede für Personen erläutert.

Klicken Sie auf den [E-Mail Vorlage erstellen] Button um in die Erstellansicht zu gelangen. In der Abbildung 4-14 sehen Sie eine bereits ausgefüllte Vorlage.

Sie sehen, dass der Vorlage ein Name gegeben wurde und in der Beschreibung darauf hingewiesen wurde, dass diese Vorlage nur für E-Mails an Personen verwendet werden darf. Das ist wichtig, da in diesem Beispiel Ersatzfelder benutzt werden und diese immer in Bezug auf ein entsprechendes CRM Modul zu benutzen sind.

Abbildung 4-14: E-Mail Vorlagen - Bearbeitungsansicht

Die Ersatzfelder erkennen Sie in Ihrem E-Mail Text an Hand des $......$ Formates.

Um die zu einem Modul gehörenden Ersatzfelder in einen E-Mail Text einzufügen, positionieren Sie Ihren Maus an die Stelle in Ihrem Text, an der Sie eine Ersatzfeld haben wollen.
Legen Sie dann den Feldtyp der E-Mail Vorlage fest. In der Abbildung ist das der Typ Personen. Danach wählen Sie das Feld aus, was Sie benutzen wollen. Automatisch wird dann der Ersatztext in Ihren E-Mail Text eingefügt.

Wichtig: Beachten Sie beim Einfügen von Feldern, dass Sie nur die Felder einfügen können, die zu dem CRM Modul gehören, für das Sie eine Vorlage erzeugen. Wenn Sie also z.B. eine Vorlage für Leads erzeugen, dürfen Sie nur die Werte aus der Auswahlliste vom Typ Leads verwenden.

Ersatzfelder werden dann beim E-Mail Versand automatisch mit den im CRM hinterlegten Inhalten gefüllt. Es empfiehlt sich, vor einem Mailversand z.B. in einer Listenansicht zu prüfen, ob denn alle zu ersetzenden Felder in den einzelnen Datensätzen richtig ausgefüllt sind. Das betrifft insbesondere das Feld Anrede, weil das die einzige zuverlässige Möglichkeit ist, die Geschlechter von Personen zu unterscheiden.

4.2 Mit dem Verkaufsprozess arbeiten

Das CRM System unterstützt Sie dabei, die Entwicklung eines Leads zu einem Geschäft nachzuvollziehen, indem alle für den Verkaufsprozess relevanten Daten zu jeder Phase eines Verkaufsprozesses erfasst und effektiv zur Arbeit herangezogen werden können.

Verkaufsprozesse werden in jedem Unternehmen in der Regel anders definiert. Es gibt aber gemeinsame Grundsätze für den Ablauf, die das CRM System abbildet. Daraus ergibt sich ein möglicher Verkaufsprozess, der wie folgt abläuft:

1. Beim ersten Kundenkontakt wird ein Lead angelegt. Wenn z.B. bekannt ist, welches Unternehmen als potentieller Kunde auftritt, aber noch kein Kontakt zu einer Person bekannt ist, wird in dem dazu vorgesehenen Feld der Text „Unbekannt" eingetragen. Zu diesem Zeitpunkt wissen Sie noch nicht, ob das Interesse ernsthaft besteht, oder ob es zu einem Geschäft kommen kann. Auf jeden Fall erfassen Sie so viele Informationen zu einem Lead als möglich.

2. Der Lead wird dann durch das Vertriebspersonal bearbeitet. Beispielsweise wird ein Treffen vereinbart, oder ein Anruf getätigt. Auf dieser Basis wird dann entschieden, ob der Lead sich zu einem Geschäft entwickeln und an welchen Produkten oder Dienstleistungen der mögliche Kunde Interesse haben könnte.

3. Wenn der Lead nicht zu einem Geschäft führt, wird er im CRM System als „Verloren" oder „Kalt" o.ä. gekennzeichnet. Wenn es sich um einen potentiellen Kunden handelt, wird der Lead umgewandelt, d.h. dass die Kontaktdaten automatisch in die Liste der Personen und Organisationen übernommen werden und ein Verkaufspotential erstellt wird.

4. Ein Verkaufspotential wird durch eine Verkaufsstufe gekennzeichnet. In der weiteren Arbeit mit dem Kunden, wird der Fortschritt, durch eine Änderung der Verkaufsstufen protokolliert.

Die im Verkaufsprozess durch die Umwandlung entstandenen Listen von Personen und Organisationen ist die Basis für Sie und Ihre Mitarbeiter für die Arbeit mit einem potentiellen Kunden. Anhand dieser Listen können Sie oder Ihre Mitarbeiter Aktivitäten steuern, Aufgaben verteilen, erwartete Umsätze prognostizieren, die Kaufentscheidung eines Kunden nachvollziehen und vieles andere mehr.

4.2.1 Leads umwandeln

Leads repräsentieren die erste Stufe des Verkaufsprozesses und sind deshalb der Ausgangspunkt für viele Aktivitäten. Leads haben aber auch eine Zeitkomponente. Irgendwann müssen Sie ja entscheiden was mit dem Lead werden soll. Entweder ergibt sich eine Geschäftsgelegenheit oder der Lead hat sich für Ihr Unternehmen als wertlos erwiesen.
Wenn sich eine Geschäftsgelegenheit ergibt brauchen Sie ein Verkaufspotential. Verkaufspotentiale sind der im Verkaufsprozess logische Nachfolger eines Leads. Sie sollten deshalb nach Möglichkeit ein Verkaufspotential immer automatisch durch das CRM System erzeugen lassen, wie im nachfolgend erläutert wird.

Um ein Verkaufspotential aus einem Lead zu erzeugen, gehen Sie zur Detailansicht eines Leads und klicken Sie **[Lead umwandeln]**, wie in der Abbildung 4-15 zu sehen.

Abbildung 4-15: Lead Detailansicht – Lead Umwandlung aufrufen

Es öffnet sich das in der Abbildung 4-16 gezeigte Popup Fenster.

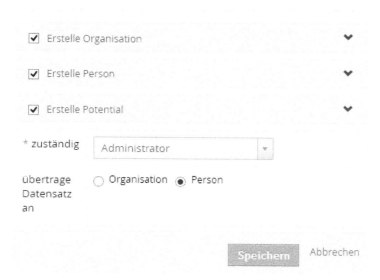

Abbildung 4-16: Menü zur Lead Umwandlung

Sie entscheiden nun, welche neuen CRM Einträge bei der Lead Umwandlung erstellt werden sollen. I.d.R. werden Sie im Verkaufsprozess ein Potential, als auch je einen Eintrag im Organisations- und Personenmodul benötigen.

Während die Angabe zu Personen und Organisationen sicher selbsterklärend sind, bedürfen die Angaben zu dem Potential aus der nachfolgenden Abbildung 4-17 ein paar Erläuterungen.

Tabelle 4-4: Eingabefelder zur Leadumwandlung

Eingabefeld	Verwendung
Potentialname:	Hier geben Sie den Namen Ihres Verkaufspotentials an. Es ist sinnvoll einen Namen auszuwählen aus dem Sie Merkmale des voraussichtlichen Geschäfts erkennen können.
Abschlussdatum:	Geben Sie ein Datum an, zu dem das Verkaufspotential vermutlich zu einem Geschäft führt. Sie können das später ändern. Diese Angabe kann dann z.B. genutzt im CRM System genutzt werden, um einen Forecast zu erstellen.
Verkaufsstufe:	Hier legen Sie die Verkaufsstufe fest, die für das neue Verkaufspotential gültig ist. Die Verkaufsstufen werden durch Ihren CRM Administrator im Auswahllisten Editor festgelegt und sollten unbedingt an Ihre Unternehmensprozesse angepasst werden.
Betrag:	Hier können Sie den möglichen Umsatz für das kommende Geschäft vermerken.
zuständig:	Hier geben Sie den Eigentümer der neu zu erzeugenden Einträge für das Verkaufspotential, der Organisation und der Person an.

Eingabefeld	Verwendung
übertrage Datensatz:	Sollten Sie bei Leads Angaben zu Aktivitäten, Dokumente usw. in den bezogenen Listen gemacht haben, so gehen die bei der Lead Umwandlung nicht verloren. Hier können Sie entscheiden an welchen neu zu erstellenden Datensatz die Daten übertragen werden sollen. In den meisten Fällen ist das sicher der Personeneintrag.

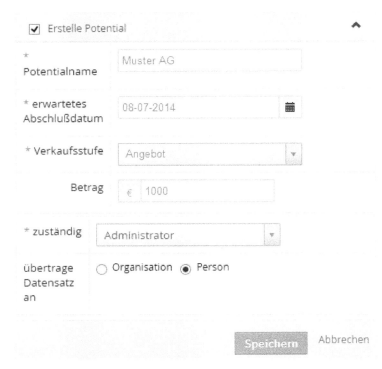

Abbildung 4-17: Potentialangaben bei Lead Umwandlung

Sie können auch einen Lead in Einträge für Personen und Organisationen umwandeln, ohne dass ein Verkaufspotential erzeugt wird. Das ist z.B. nützlich, wenn Sie nur Kontakte erfassen wollen, ohne das damit ein Geschäft verbunden ist.

Wenn Sie dann auf **[Speichern]** klicken wird die Lead Umwandlung gestartet. Dieser Vorgang lässt sich nicht mehr rückgängig machen.

Während der Lead Umwandlung werden dann folgende Operationen automatisch im CRM ausgeführt:

1. Es wird ein Verkaufspotential angelegt.
2. Es werden eine Person und eine Organisation angelegt. Sollte es die Organisation schon geben, wird diese nicht neu angelegt.
3. Aus dem Lead werden die entsprechenden Daten entnommen je nach Inhalt und Ihrer vorhergehenden Entscheidung dem Potential, der Person oder der Organisation.
4. Der Lead wird gelöscht.

Alle neu erstellten Einträge werden miteinander über Referenzen verbunden. Sollte das CRM bei der Umwandlung erkannt haben, dass es die Organisation schon gibt, wird die neu erstellte Person der existierenden Organisation zugeordnet.

Nach der Umwandlung öffnet sich die Detailansicht der Organisation, der dieses Verkaufspotential zugeordnet wurde. Darin finden Sie dann in den bezogenen Listen die entsprechenden Einträge mit einem Bezug auf die neuen Einträge im CRM für eine Person und dem Verkaufspotential.

4.2.2 Support

Das CRM System bietet Ihnen komfortable Möglichkeiten, Ihre Kundenbeziehung oder den erfolgreichen Abschluss eines Geschäftes über die Menüs zu dokumentieren die unter der Rubrik **Support** zusammengefasst werden können.

Folgende Ziele können Sie mit der Erfassung von **Support** Daten erreichen:

- Tickets sind vor allem dazu da, Kundenwünsche, Anfragen, Störungen, Probleme, Meldungen usw. standardisiert zu erfassen, die eine Reaktion von Ihnen oder Ihrem Unternehmen erfordern. Sie können die aber auch für die Steuerung von Prozessen in Ihrem eigenem Unternehmen nutzen, um 'permanente' Aufgaben zu erfassen, die irgendwann mal erledigt werden müssen.
- Die Nutzer des CRM Systems können sich jederzeit und laufend über den Bearbeitungsstatus einer Anfrage erkundigen.
- Mitarbeiter verfügen über ein neues Hilfsmittel, um Anfragen und die Lösungsfindung zweckmäßig und rasch erledigen zu können.
- Die Anwender erhalten eine lückenlose Dokumentation und Übersicht aller erfassten Aktionen.
- Darüber hinaus können Sie häufig gestellte Fragen zu Ihrem Unternehmen, zu Ihren Produkten und Dienstleistungen oder zu anderen Belangen erfassen und standardisierte Antworten verfassen und bereitstellen.

Das CRM bietet Ihnen die Möglichkeit, für einzelne Servicefälle Tickets anzulegen und zu bearbeiten und verfügt über eine Wissensbasis für die Hinterlegung von Standardantworten und Standardlösungen oder Beschreibungen für Vorgänge oder Produkte.

4.2.2.1 Tickets

Ein Ticket ermöglicht Ihnen und Ihren Mitarbeitern, Wünsche, Störmeldungen oder sonstige Anfragen in einfacher und standardisierter Form abzugeben. Tickets werden im [**Tickets**] Menü gelistet.

Ein Ticket ist so etwas wie eine „permanente Aufgabe" die erledigt werden muss, ohne das es dazu einen konkreten Zeitplan gibt. Folglich können Sie diese Ticket Funktion auch nutzen, um Ihre eigenen zeitlich unkonkreten Vorhaben zu erfassen.

Neue Tickets eingeben

Um ein neues Ticket anzulegen, gehen Sie zum [**Tickets**] Menü, wie in Abbildung 4-18 gezeigt.

Abbildung 4-18: Tickets - Listenansicht

Diese Listenansicht hat hier bereits einen Beispieleintrag. Sie können die Liste zu durchsuchen oder Sie können in diesem Menü auch den Eigentümer eines Tickets ändern, Tickets löschen, die Ansicht durch eine

Filterfunktion verändern oder die Ticket Informationen mit Vorlagen verbinden. Die entsprechenden Funktionen sind im Kapitel 2.2.3 erläutert.

Klicken Sie auf den Button **[Tickets hinzufügen]** um ein neues Ticket zu erstellen. Die Erstellansicht ist in Abbildung 4-19 zu sehen.

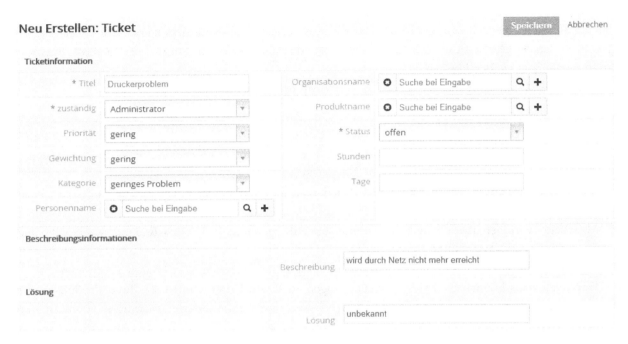

Abbildung 4-19: Ticket - Bearbeitungsansicht

Erfassen Sie so viele Informationen als möglich und gewichten Sie das Ticket nach Prioritäten, Status und Kategorien. Ihr CRM Systemadministrator kann zu einem Ticket weitere Eingabefelder hinzufügen oder den Inhalt der Auswahllisten ändern.

Im Einzelnen sollten Sie folgende Angaben machen:

Tabelle 4-5: Spezielle Standardangaben zu einem Ticket

Eingabefeld	Verwendung
zuständiger Benutzer:	Ordnen Sie das Ticket einem bestimmten Benutzer oder einer Gruppe zu.
Priorität, Gewichtung und Kategorie:	Ordnen Sie dem Ticket die entsprechenden Angaben zu. Das hilft Ihnen, z.B. die Reihenfolge der anstehenden Arbeiten festzulegen oder das Management zu informieren.
Titel:	Geben Sie dem Ticket eine eindeutige Bezeichnung.
Personen, Organisationen:	Ordnen Sie das Ticket einer Person oder Organisation aus Ihren im CRM System erfassten Kontaktlisten zu.
Produktname:	Sie können ein Ticket direkt mit einer Dienstleistung oder einem Produkt aus Ihrem Katalog verbinden.
Status:	Ordnen Sie dem Ticket einen Status zu. Das ist eine Pflichtangabe, die z.B. im Kundenportal genutzt wird, um Tickets zu sortieren.

Eingabefeld	Verwendung
Stunden, Tage:	Diese Informationen werden durch das CRM automatisch ausgewertet, wenn Sie ein Ticket mit einem Servicevertrag verbinden. Entsprechend des hier vermerkten Zeitaufwandes, wird dann beim Servicevertrag die benötigte Gesamtzeit berechnet.

Mit Tickets arbeiten

In der Abbildung 4-18 ist bereits ein Beispielticket eingetragen. Um mit diesen Tickets zu arbeiten, klicken Sie auf den Titel des Tickets in der Listenansicht. In der sich öffnenden Detailansicht können Sie:

- **Tickets bearbeiten, kopieren oder löschen:** In der Bearbeitungsansicht können Sie oder Ihre Kollegen die Ticket Angaben verändern, Kommentare hinzufügen bzw. eine Lösung eintragen. Aber auch ohne die Bearbeitungsansicht können Sie das direkt in der Detailansicht tun. Bewegen Sie einfach Ihre Maus über das entsprechende Feld und klicken Sie auf die dann erscheinende Ausschrift **[Bearbeiten]**.

Mit der Kopierfunktion erzeugen Sie eine identische Kopie eines Tickets. Das ist z.B. sinnvoll, wenn Sie ein Ticket in mehrere Tickets aufteilen wollen. Nutzen Sie die Löschfunktion nach Möglichkeit nur selten. In den meisten Fällen ist es sinnvoller, den Status eines Tickets zu verändern und das Ticket im CRM System zu behalten. Sie können dann später noch einmal darauf zurückgreifen.

- **Ticket zur Wissensbasis umwandeln:** Mitunter bekommen Sie zahlreiche Kundenanfragen zu einem gleichen Thema. Diese Funktion erlaubt es Ihnen, ein Ticket in einen Eintrag in die Wissensbasis umzuwandeln, welche im nächsten Kapitel erläutert wird.
- **Tag hinzufügen:** Sie können diese Funktion benutzen, um z.B. um Ihre eigenen Prioritäten zu setzen. Weitere Informationen dazu finden Sie im Kapitel 4.1.1.

Jedes Ticket kann durch mehrere Bearbeitungsschritte gehen und wird früher oder später geschlossen. Damit ist dann das Ticket erledigt und es sind keine weiteren Arbeitsschritte mehr nötig. Das CRM unterstützt Sie in diesem Prozess, indem die Arbeitsschritte als auch die Veränderungen nachvollziehbar bleiben.

In dem Kommentarbereich kann jeder CRM Nutzer mit der entsprechenden Berechtigung einen Kommentar zum Ticket ablegen. Das können z.B. Hinweise auf notwendige Bearbeitungsschritte oder interne Informationen sein. Diese Kommentare werden durch das CRM in ihrem zeitlichen Ablauf sortiert. Am Ende der „Lebensdauer" eines Tickets wird dann eine Lösung präsentiert.

Wenn Sie Tickets einer Person oder Organisation zuordnen, erzeugt das CRM automatisch eine E-Mail und sendet die Ticket Informationen zu der Kontaktadresse. Damit wird also Ihr Kontakt über dieses Ticket informiert. Das sollte bei der Formulierung des Ticket-Eintrages berücksichtigt werden, um zu vermeiden, dass interne Informationen ausgesendet werden. Um die Aussendung der E-Mail an den Kontakt zu unterbinden, können Sie bei einer Person oder einer Organisation die Versendung sperren. Aktivieren Sie dazu in der Bearbeitungsansicht einer Person oder Organisation das Eingabefeld "E-Mail Opt aus".

Alle Veränderungen zu einem Ticket werden in der Ticket Historie wiedergegeben. Mit diesen Informationen können Sie herausfinden:

- Wer veränderte die Ticket Informationen?
- Welche Veränderungen wurden durchgeführt?

- Wann wurden diese Veränderungen gemacht?

4.2.2.2 Wissensbasis (FAQ)

Eine Wissensbasis (FAQ) basiert auf einer einfachen Frage-Antwort Zusammenstellung. Diese können verschiedenen Kategorien zugeordnet werden. Nutzen Sie diese Möglichkeit, um z.B.

- Standardantworten für Service Fragen zu formulieren,
- Informationen über Ihre internen Geschäftsabläufe zu hinterlegen,
- Hinweise für Ihr Produkt oder Dienstleistungsangebot zu geben, u.v.a.m.

Die FAQ können Sie sowohl ausschließlich intern im CRM verwenden oder Teile davon freigeschalteten Personen im Kundenportal zur Ansicht anbieten. Sie finden die Wissensbasis im **[Wissensbasis]** Menü. Klicken Sie auf **[Wissensbasiseintrag hinzufügen]** oberhalb der Listenansicht, um einen neuen Eintrag in der Wissensbasis zu erstellen. In der Abbildung 4-20 sehen Sie die Erstellansicht. Geben Sie hier eine Frage und eine Antwort dazu ein.

Abbildung 4-20: Neue Wissensbasis - Erstellansicht

Zusätzlich können Sie:

- die Wissensbasis mit einem Produkt oder einer Dienstleistung aus Ihrem Katalog verknüpfen,
- eine Kategorie zuordnen,
- den Status für einen Eintrag festlegen.

Der Inhalt der Wissensbasis wird auch im Kundenportal gezeigt. Sie können mit Hilfe des Status festlegen, welche Einträge aus der Wissensbasis im Kundenportal gezeigt werden. Nur Einträge mit dem Status „veröffentlicht" werden im Kundenportal angezeigt.

4.2.3 Berichte

Im CRM System stehen mehrere Möglichkeiten bereit, Ihre Daten nach bestimmten Kriterien auszuwerten. In dem Berichte Menü können Zusammenfassungen von Informationen aus dem CRM System an Hand von vor- oder selbstdefinierten Vorlagen erstellt und nach Ihnen gewählten Kriterien gefiltert werden.

Unter dem Begriff „Berichte" werden Datensammlungen aller Art zusammengefasst, die aus den im CRM System gespeicherten Daten erstellt werden können. Sie sehen die Berichte im Menü **[Berichte]**, wie in der Abbildung 4-21 ausschnittsweise zu sehen ist.

Abbildung 4-21: Berichte - Übersichtsseite

Berichte können Sie erzeugen, um Geschäftsdaten zusammen zu stellen, zu sehen was Sie oder Ihre Kollegen im CRM gemacht haben der auch um Mailinglisten oder Etiketten zu erstellen. Die Möglichkeiten sind fast unbegrenzt.

Nutzen Sie diese Fähigkeiten des CRM Systems z.B. um sich schnell einen Überblick über die vorhandenen Daten zu verschaffen und daraus Schlussfolgerungen für die weitere Arbeit mit Kunden abzuleiten, Mailinglisten zusammen zu stellen, oder die CRM Arbeit der Mitarbeiter zu kontrollieren.

Das CRM System bietet Ihnen dafür einen Berichtsgenerator und einen Berichtsdesigner an.

Berichtsgenerator:

Mit Hilfe des Berichtsgenerators können Sie schnell und komfortabel Daten mit Hilfe vorgegebener Vorlagen zusammenfassen und als Bericht im PDF oder im Excel Format ausgeben. Diese können Sie dann ausdrucken oder auf Ihren Computer weiter verarbeiten.

Berichtsdesigner:

Der Berichtsdesigner erlaubt es Ihnen, selbst die Daten für Berichte zusammenzustellen, die Darstellung zu verändern und neue Vorlagen für den Berichtsgenerator zu erzeugen.

Das CRM System stellt schon eine große Auswahl von Berichtsvorlagen bereit, wie in der vorhergehenden Abbildung zu sehen ist. Jeder dieser Berichte ist in zwei Typen verfügbar:

Tabellarischer Bericht:

Der tabellarische Bericht ist der einfachste und schnellste Weg, Ihre Daten zusammenfassend darzustellen.

Zusammenfassender Bericht:

Im zusammenfassenden Bericht können Sie Summen aus Zahlenwerten in Ihrem Bericht bilden.

Sie können folgende Parameter in einem Bericht ändern:

- Welche Module sollen Daten für einen Bericht liefern?
- Soll eine tabellarischer oder ein zusammenfassender Bericht erstellt werden?
- Welche Daten sollen in den einzelnen Spalten im Bericht vorhanden sein?
- Sollen Daten in Gruppen zusammengefasst werden?
- Sollen Berechnungen mit Zahlenangaben durchgeführt werden?
- Welche Filter soll es für die Daten geben?
- Welcher CRM Nutzer darf diesen Bericht sehen?
- Wollen Sie eine automatische Berichtserstellung und Versendung per E-Mail?

Die Möglichkeiten werden nachfolgend noch näher an dem Beispiel des Standardberichtes „Personen nach Organisationen" erläutert.

Klicken Sie auf den Berichtsnamen. Der Bericht wird ausgeführt und es öffnet sich das in der Abbildung 4-22 gezeigte Menü. Im oberen Bereich sehen Sie die eingestellten Filter und im unteren Bereich das Berichtsergebnis.

Abbildung 4-22: Bericht - Detailansicht

Permanente Berichtsänderungen
Wenn Sie auf den Button **[Speichern]** klicken, werden Ihre ggw. Filtereinstellungen gespeichert und damit der Bericht noch einmal ausgeführt.

Temporäre Berichtsänderungen
Wenn Sie einen Bericht nicht permanent ändern wollen, aber für einen vorhandenen Bericht andere Filterkriterien benötigen, so können Sie den Filter ändern und über den **[jetzt Erstellen]** Button den Bericht noch einmal ausführen lassen.

Sie können Sie logische Bedingungen als Filter setzen und diese mit einer logischen UND („alle Bedingungen") oder ODER („jede Bedingung") Verknüpfung verbinden.

alle Bedingungen (Alle Bedingungen müssen erfüllt werden.)

| (Personen) Organisation | gleich zu | Muster GmbH | 🗑 |
| (Personen) Titel | gleich zu | Geschäftführer | 🗑 |

Filter hinzufügen

Abbildung 4-23: Bericht - Filterbeispiel

In der Abbildung Abbildung 4-23 wurde der Filter so eingestellt, dass im Ergebnis nur die Personen angezeigt werden, die als Organisationsnamen *die Muster GmbH* eingetragen haben. Zusätzlich werden in der Muster GmbH nur die Personen ausgewählt, welche als Funktion *Geschäftsführer* eingetragen haben.

Erstelle Berichte

Die Anpassung eines Berichts kann eine relativ komplexe Aufgabe sein, wenn viele Kriterien und Filter benutzt werden sollen. Es ist deshalb zweckmäßig, mit einem einfachen Bericht zu beginnen. Schrittweise sollten dann zusätzliche Kriterien eingeführt und systematisch die Zwischenergebnisse überprüft werden, bis der gewünschte Inhalt in einem Bericht angezeigt wird.

An Hand eines Beispiels werden im Folgenden die verschiedenen Möglichkeiten für einen speziellen Bericht erläutert. Sinngemäß können diese auch für andere Berichte angewendet werden.

Um einen neuen Bericht zu erstellen, klicken Sie in der Berichtslistenansicht auf den **[Bericht hinzufügen]** Button. Danach haben Sie die Wahl, ob Sie einen tabellarischen Bericht oder ein Diagrammbericht erstellen wollen.

Im Folgenden wird die Erstellung eines tabellarischen Berichts erläutert. Für Diagramm gilt das sinngemäß.

Das erste Menü für die Berichtserstellung ist in Abbildung 4-21 zu sehen. Hier machen Sie grundlegende Angaben zu Ihrem Bericht.

Eingabefeld	Verwendung
Berichtsname:	Geben Sie Ihrem Bericht einen eindeutigen Namen. Denken Sie daran, dass Sie im Laufe der Zeit vielleicht viele Berichte erstellen werden und die kluge Wahl eines richtigen Namens Ihnen auch in Zukunft hilft einen Bericht zu identifizieren.
Berichtsverzeichnis:	Geben Sie für den Bericht ein Verzeichnis an, worin der Bericht angezeigt werden soll. In der Listenansicht können Sie mit dem Button **[Verzeichnis hinzufügen]** eigene Verzeichnisse anlegen.
Primäres Modul:	Geben Sie das CRM Modul an für den Sie den Bericht erstellen wollen.
Bezogene Module:	Bis zu 2 Module können Sie zusätzlich als sekundäre Module auswählen. Damit können Sie z.B. einen Bericht erstellen, der anzeigt, welche Aktivitäten mit Personen verknüpft sind, oder welche Verkäufe Sie für Organisationen in Ihrem CRM haben.
Beschreibung:	Erläutern Sie hier den Inhalt oder Zweck des Berichtes.

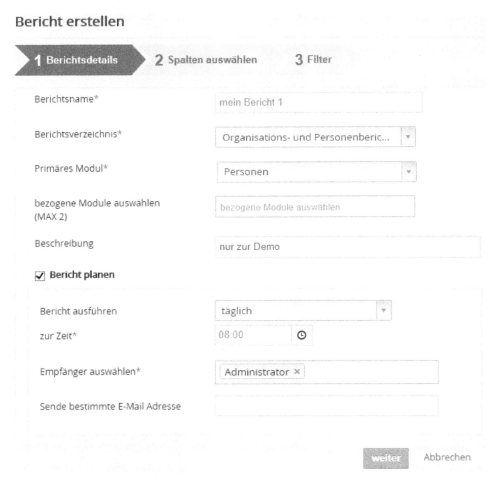

Abbildung 4-24: Neuer Bericht - Details

Mit der Markierung des Feldes „Bericht planen" können Sie veranlassen, dass Ihnen der Bericht zu ausgewählten Zeiten an ausgewählte Adressaten per E-Mail gesendet wird.

Klicken Sie [Weiter] um zum Menü für die Spaltenauswahl zu kommen, wie in Abbildung 4-25 gezeigt.

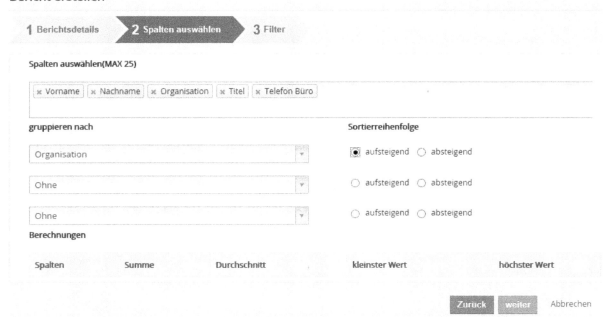

Abbildung 4-25: Neuer Bericht - Spalten

In diesem Menü wählen Sie aus, welche Spalten Sie in Ihrem Bericht sehen wollen. Zur Auswahl stehen Ihnen alle Stammdatenfelder aus den Modulen, welche Sie im ersten Schritt ausgewählt hatten.

Sie können sich die Ausgabe über eine Gruppierung sortieren lassen. In dem Beispiel werden die Personenangaben nach Organisationen sortiert.

Für Module, deren Stammdaten Zahlen bzw. Währungen enthalten, können Sie außerdem Berechnungen auswählen.

Klicken Sie **[Weiter]** um zum Menü für die Filter zu kommen, wie in gezeigt. Dieses ist identisch mit der Anzeige im Bericht und in Abbildung 4-23 bereits gezeigt. Wählen Sie Ihre gewünschten Filterkriterien.

Mit dem **[Bericht erstellen]** Button schließen Sie Ihre Berichtserstellung ab. Daraufhin

- sehen Sie die Berichtsergebnisse auf dem Bildschirm,
- können Sie den Bericht als Excel oder PDF Datei exportieren und
- können Sie den Bericht ausdrucken und
- können Sie ein Duplikate von dem Bericht herstellen um diesen einen anderen Namen zu geben oder diesen als Vorlage für einen weiteren Bericht zu benutzen.

Berichtsordner erstellen

Um einen neuen Ordner zu erstellen, in dem Sie Berichte ablegen können, klicken Sie auf das Icon **[Verzeichnis erstellen]**. In dem sich öffnenden Fenster geben Sie dem Ordner einen Namen und fügen unbedingt eine kurze Beschreibung hinzu.

Sie können jeden Bericht in Ihrem eigenen Ordner ablegen. Erzeugen Sie dazu einen neuen Bericht und wählen Sie im ersten Schritt Ihren Ordner als Zielordner für den Bericht aus.

Das CRM System kontrolliert ggw. noch nicht, ob für Ihre PDF Ausgabe genügend Platz vorhanden ist. Wenn Sie für Ihren Bericht zu viele Spalten auswählen, kann es vorkommen, dass der PDF Export erst zufriedenstellend ist, wenn Sie die Anzeige entsprechend vergrößern.

4.2.4 Synchronisierung des CRM in der Büroumgebung

Das CRM System unterstützt eine ganze Reihe von Programmen, welche die Funktionalität Ihrer Büroumgebung verbessern, indem Ihr Rechner mit dem CRM verbunden wird.

Thunderbird Erweiterung

Der E-Mail Client Thunderbird ist ein Programm zum Verwalten von E-Mails und Adressbeständen, welches auf verschiedenen Computerbetriebssystemen läuft. Wenn Sie diesen E-Mail Client benutzen, können Sie mit Hilfe des zur Verfügung gestellten Erweiterungsmoduls die dort verwalteten E-Mails und Adressen mit dem CRM System synchronisieren:

- Sie können in Thunderbird vorhandene E-Mails an das CRM System übertragen und dort personenbezogen abspeichern. Zuvor können diese von Ihnen bei Bedarf noch bearbeitet werden.
- Sie können Kontakte aus dem Thunderbird Adressbuch an das CRM übertragen.
- Sie können Kontakte aus dem CRM System in das Thunderbird Adressbuch übernehmen.

Voraussetzung ist, dass Sie die Thunderbird Erweiterung auf Ihrem Computer installieren. Weitere Informationen finden Sie im speziellen Handbuch zur Thunderbird Erweiterung, siehe Anhang A.

Outlook Plugin

Die im CRM System gespeicherten Daten können mit Ihren MS Outlook Dateien synchronisiert werden:

- Sie können in Outlook vorhandene E-Mails an das CRM System übertragen und personenbezogen abspeichern.
- Sie können alle Kontaktdaten zwischen Outlook und dem CRM System synchronisieren.
- Sie können Kalendereinträge zwischen Outlook und dem CRM System synchronisieren.
- Sie können Aufgaben zwischen Outlook und dem CRM System synchronisieren.
- Sie können Notizen zwischen Outlook und dem CRM System synchronisieren.

Voraussetzung ist, dass Sie das Outlook Plugin auf Ihrem Computer installieren. Weitere Informationen finden Sie im speziellen Handbuch zum Outlook Plugin, siehe Anhang A.

4.3 Häufig gestellte Fragen von CRM Nutzern

In diesem Kapitel werden Fragen beantwortet, welche von CRM Nutzern häufig gestellt werden und die sich nicht einem bestimmten Thema aus diesem Handbuch zuordnen lassen.

Warum sollte ich mit Browser Tabs in den Listenansichten arbeiten?

In der Regel werden im Laufe der Zeit die Listen von Kontakten, Terminen usw. im CRM immer länger. Lässt man sich dann eine Liste anzeigen und geht auf Seite 3 um dort einen Eintrag zu bearbeiten, so sollte man die Möglichkeiten des Browsers nutzen mit Tabs zu arbeiten. Ein rechter Mausklick auf den Eintrag gibt Ihnen die Möglichkeit diesen Eintrag in einem neuen Tab (Registerkarte) zu öffnen und zu bearbeiten. Wenn man fertig ist, schließt man den Tab und man ist zurück in der Liste an der Stelle, wo man den Tab geöffnet hatte und kann dort weiter arbeiten. Das liest sich komplizierter als es ist, probieren Sie es einfach mal.

Warum ist es wichtig, zwischen Ereignissen und Aufgaben zu unterscheiden?

Das CRM unterscheidet zwischen Ereignissen (Anruf, Meeting, bzw. Ihre eigenen Ereignistypen) und Aufgaben. Beide Typen werden durch unterschiedliche Funktionen unterstützt. So sieht man Aufgaben z.B. nicht in der Standardkalenderansicht. Auch wenn Sie der Meinung sind, dass Sie die Aufgabe haben jemanden anzurufen, so ist das für das CRM keine Aufgabe. Ein geplanter Anruf sollte deshalb immer auch als Anruf
in das CRM eingetragen werden.

Welche HTML Tags sind für E-Mail Vorlagen geeignet?

Sie können jeden HTML5 Tag benutzen. Zur Erstellung einer Vorlage können Sie praktisch jeden HTML Editor nutzen. Jedoch ist der HTML Code, den Sie nach der Verwendung von MS Word erhalten nicht geeignet, sobald Sie Formatierungen vornehmen, die vom HTML5 Editor des CRM Systems nicht unterstützt werden.

Warum sollten Nutzer keine Administratorrechte bekommen?

Im CRM können Nutzern auch Administrator Rechte zugewiesen werden. Das scheint eine bequeme Lösung zu sein, wenn man öfter mal die Einstellungen im CRM ändern möchte. Jedoch ist für die tägliche Arbeit davon abzuraten. Ein Nutzer mit Administrator Rechten sieht immer alles. Das bezieht sich auch auf Eingabefelder oder Auswahllisteneinträge die Sie ausgeblendet haben wollen. Das CRM verhält sich also für einen Nutzer ohne Administrator Rechten anders. Um schnell zwischen Administrator und Nutzer umschalten zu können, benutzen Sie am besten zwei Browser, einen für den admin und einen für den Nutzerzugang.

Welches ist das beste Format für Fax- oder Telefonnummernangaben im CRM?

In den CRM Eingabefeldern für Telefonnummern kann man eine beliebige Zeichenfolge eintragen, aber es ist zu empfehlen, sich an Standards zu halten, um ggf. auch eine Synchronisation mit Endgeräten (wie z.B. Handy) oder eine automatische Wahl (z.B. über Skype) ausführen zu können. Es wird empfohlen folgende Hinweise zu beachten:

- Geben Sie alle Telefonnummern in einem einheitlichen Format an. Schreiben Sie keinen Text in die Eingabefelder für Telefonnummern.
- Die Schreibweise von Telefonnummern regelt in Deutschland die DIN 5008. Demnach werden Telefonnummern nicht mehr (wie es bis 2001 vorgeschrieben war) in Blöcken zu je zwei Ziffern notiert, auch Klammern und Schrägstriche zur Abtrennung der Telefonvorwahl sind nicht mehr

vorgesehen. Stattdessen werden Telefonnummern funktionsbezogen durch Leerzeichen gegliedert. Bei Anlagenanschlüssen wird die Durchwahl durch einen Bindestrich abgesetzt, die internationale Telefonvorwahl beginnt stets mit einem Pluszeichen (siehe nächsten Punkt).

- Geben Sie internationale Nummern mit führenden Nullen (also OO) an und benutzen Sie nicht das + Zeichen, wenn Sie Ihre Kontakte mit mobilen Endgeräten z.B. über Outlook synchronisieren wollen. Es könnte sonst u.U. (abhängig vom Typ bzw. Modell Ihres mobilen Endgerätes) zum Verlust des + Zeichens bei der Synchronisation kommen, wodurch eine automatische Wahl nicht mehr möglich ist. Dieses Problem wurde von einigen Kunden berichtet und wird durch die Synchronisationssoftware der mobilen Endgeräte, welche sich nicht an die DIN Norm halten verursacht.

Wie kann ich jemanden bequem über einen bestimmten CRM Eintrag informieren?

Eine häufig nicht erkannte CRM Funktion ist das Weiterleiten von Links in E-Mail oder Chats. Da jeder CRM Eintrag eine eigene URL hat, braucht man nur diesen Eintrag im CRM in der Detailansicht öffnen und die URL aus dem Browser kopieren um einen eindeutigen Verweis auf einen Datensatz zu bekommen. Dann sind z.B. folgende E-Mails möglich:

> Lieber Klaus,
> schau Dir das <URL zum CRM Eintrag> mal an und lasse mich wissen, wie es Dir gefällt.

Der Empfänger braucht dann nur auf den URL Link klicken um zu dem CRM Eintrag zu kommen und muss dazu natürlich als CRM Nutzer in das CRM eingeloggt sein.

Wie kann ich eine Preisliste ausdrucken?

Einige CRM Nutzer möchten aus Ihren hinterlegten Produkten gerne druckbare Preislisten generieren. Nachfolgend mal ein möglicher Ansatz dazu:

- Man erweiterte seine Produkt-Daten um ein benutzerdefiniertes Feld, der Name könnte „Produktliste" lauten.
- Das Feld könnte vom Typ „Multi-Auswahl Box" sein, damit man die Preislisten nach Bereichen selektieren kann, aber ein Produkt auch in mehreren Preislisten auftauchen kann. Anschließend können die gewünschten Artikel in eine oder mehrere Produktlisten aufgenommen werden.
- Hat man diese Vorarbeit geleistet, kann man über **[Auswertung] > [Berichte]** nun die zu druckenden Preislisten generieren.
- Bei der Definition der Berichte muss man nun lediglich die Filter-Regel passend setzen, damit nur die entsprechenden Produkte auf der Liste landen.
- Die generierten Berichte können – wie immer – angezeigt, exportiert (PDF, Excel) oder gedruckt werden.

Ich habe meine Logindaten vergessen. Wie kann ich mein Passwort wieder bekommen?

Das geht nicht! Nutzerpasswörter sind nirgends gespeichert und können darum auch nicht ermittelt werden. Hat ein Nutzer sein Passwort nicht mehr, so kann der Administrator ein neues Passwort vergeben. Ist das Administratorpasswort verloren gegangen, so muss dieses in der Datenbank, ggf. durch einen Dienstleister zurückgesetzt werden.

Wie kann ich meine E-Mail Signatur gestalten?

Im Menü **[Meine Einstellungen]** kann jeder Nutzer seine E-Mail Signatur hinterlegen, wie Sie dann an alle rausgehenden E-Mails automatisch angefügt wird. Diese Signatur kann auch Bilder enthalten und mit HTML Tags frei gestaltet. Die Tags müssen konform zum HTML5 Standard sein. Zeilenumbrüche sind nicht zulässig und sind durch den
 Tag zu realisieren.

Warum sollten Rechnungen nie gelöscht werden?

In Deutschland verlangt das Finanzamt, dass Rechnungen fortlaufend nummeriert sind. Auch wenn das CRM Ihnen erlaubt Rechnungen zu löschen, sollten Sie das aber nur in Ausnahmefällen tun. Das CRM erlaubt Ihnen nämlich nicht, die Rechnungsnummer für die gelöschte Rechnung noch einmal zu verwenden. An Stelle des Löschens sollten Sie deshalb für den Kunden eine Gutschrift in Höhe der Rechnung erstellen. Das hat noch den angenehmen Nebeneffekt, dass die Anzahl der Artikel in Ihrer Lagerhaltung entsprechend korrigiert wird.

Wie kann ich Etiketten ausdrucken?

Für den Druck von Etiketten für Adresslabels, Namensschilder o.ä. nutzt mach am besten Standardvorlagen, wie sie z.B. von der Firma Avery für MS Word bereitgestellt werden. Dazu gibt es auch kostenlose Programme, die z.B. aus einer Excel Datei diese Vorlagen für den Druck füllen können. Im CRM erstellt man die Excel Datei im Menü Berichte indem man einen neuen Bericht verfasst, der alle Adressinformationen enthält. Alternativ kann auch die kommerzielle CRM Word Connector Erweiterung benutzt werden, siehe Anhang B.

5 Administrative Aufgaben

Vor einem aktiven Einsatz des CRMs in Ihrem Unternehmen können und sollten Sie das CRM an die speziellen Arbeitsabläufe und Bedürfnisse in Ihrem Unternehmen anpassen, auch wenn das zeitaufwendig sein kann. Sie erhalten dadurch ein CRM System, was optimal Ihre Arbeitsprozesse im Unternehmen begleiten kann und Ihren Nutzern die Einarbeitung erleichtert.

Zu diesem Zweck stehen ausschließlich dem CRM Administrator zahlreiche Menüs zur Verfügung, deren Funktion und Verwendung in den nächsten Kapiteln in der Reihenfolge erläutert werden in der sie im Menü angeordnet sind.

Benutzer, welche die Rechte eines Administrators bekommen haben, sehen im Navigationsbereich ein zusätzlichen Icon **[Einstellungen]**, wie in der Abbildung 5-1 gezeigt. Wenn man auf dieses Icon klickt, bekommt man Zugang zum „CRM Einstellungen" Menü.

Abbildung 5-1: Zusätzlicher Einstellungs-Icon

5.1 CRM System vorbereiten

Das CRM verwendet ein s.g. rollenbasiertes Sicherheitsmodell, wie Sie das vielleicht auch von Ihrem PC kennen. Wenn Sie sich damit vertraut machen wollen, so werden die Grundlagen nebst den hier verwendeten Begriffen im Anhang B erläutert.

In der Praxis hat es sich bewährt sich bei der CRM Administration nicht um die Menüanordnung zu kümmern und zu Beginn der Nutzung des CRMs folgende Arbeitsschritte auszuführen.

8 Schritte zum Start:

1. Felder konfigurieren (entfernen, neu hinzufügen und anordnen)
2. Auswahllisteninhalte anpassen
3. E-Mail Server einrichten
4. Nutzer hinzufügen
5. Bestandsdaten importieren
6. Listenansichten erstellen
7. Module auswählen
8. Firmeninformationen eintragen (Logo etc.)

zu 1.: Sie können die Felder in den Stammdaten des CRMs für die einzelnen Module für alle CRM Nutzer oder für ausgewählte einzelnen Nutzer oder Nutzergruppen anpassen.

zu 2.: Alle vorhandenen Auswahllisten können Sie inhaltlich ändern. Das ist im Kapitel 5.3.2 erläutert.

zu 3.: Ihr CRM braucht einen SMTP Server um E-Mails versenden zu können. Die Zugangsdaten werden im Menü *Mailserver* eingegeben, siehe Kapitel 5.5.2.

zu 4.: Wenn Sie weitere Nutzer anlegen wollen, so macht man das im Menü *Benutzer*, siehe Kapitel 0. Das CRM ist in seinen Grundeinstellungen erst mal so eingerichtet, dass alle Nutzer alle Daten sehen können. Wenn Sie diese Rechte beschränken wollen, sollten Sie sich vorher mit dem rollenbasierten Sicherheitsmodell (siehe Anhang B) vertraut machen.

zu 5.: Wenn Sie Ihre vorhandenen Bestandsdaten nicht manuell in das CRM übernehmen wollen, stehen Ihnen eine Reihe von Importmöglichkeiten zu Verfügung. Der Import von Tabellen ist im Kapitel 3.1 erläutert.

zu 6.: Spätestens dann, wenn Sie zahlreiche Daten im CRM haben, müssen Sie sich darüber Gedanken machen, wie man ohne häufiges Klicken an die benötigten Daten ran kommt. Benutzerdefinierte Listen sind dafür eins der wichtigsten Hilfsmittel und werden im Kapitel 2.2.3.2 erläutert.

zu 7.: Am Anfang wollen Sie sicher sehen, was das CRM so alles anzubieten hat. Spätestens dann, wenn Sie mit dem CRM im Team arbeiten, sollten Sie jedoch nur noch die Module aktiv haben, welche Sie auch benötigen. Wie Sie die nicht benötigten Module aus den Menüs entfernen, wird im Kapitel 5.3.5 erläutert.

zu 8.: Angebote, Bestellungen oder Rechnungen sollten mit Ihren Firmeninformationen versehen sein. Die Einstellungen dafür werden im Menü *Unternehmensinformationen* vorgenommen und sind im Kapitel 5.4.1 erläutert.

5.2   Benutzerverwaltung

Die Managementfunktionen für die Benutzer bilden den Kern der Sicherheitseinstellungen im CRM System. Sie kontrollieren, basierend auf den vergebenen Rechten, den Zugang der einzelnen Benutzer zu dem CRM System.

Wenn Sie mit einem rollenbasierenden Sicherheitskonzept und den hier verwendeten Begriffen nicht vertraut sind, finden Sie im Anhang B eine Einführung.

Die nachfolgenden Kapitel erklären im Detail, welche Funktionen zur Verfügung stehen und zu welchem Zweck sie benutzt werden können. Zusätzlich sind im Anhang C praktische und einfache Beispiele zur weiteren Erläuterung zu finden.

Grundlagen der Benutzerverwaltung

In der Benutzerverwaltung werden Rechte vergeben oder entzogen. Die Rechtevergabe hängt im Wesentlichen von der Anzahl der Nutzer und ihrer Unternehmensstruktur ab. Eine geringe Anzahl von Nutzern in kleinen Unternehmen resultiert in einer geringeren Anforderung an die Rechteverwaltung. Mit einer zunehmenden Anzahl von Nutzern steigt die Komplexität der Beziehungen im Unternehmen und es entsteht in der Regel das Bedürfnis, unterschiedliche Rechte zu vergeben und zu verwalten.

Die im CRM System vergebenen unterschiedlichen Rechte können einfach beschrieben werden:

- Wem werden bestimmte Daten angezeigt?
- Wer kann bestimmte Daten verändern?
- Wer kann bestimmte Daten löschen?
- Wer kann bestimmte Daten erzeugen?

Rechtevergabe heißt im CRM System in erster Linie der Entzug von Rechten. Der Entzug von Rechten ist in der praktischen Arbeit mitunter hilfreich und notwendig. Hier ein paar Beispiele:

- Ein Vertriebsmitarbeiter würde es sicher als unangenehm empfinden, wenn jemand anderes die Vertriebsdaten von seinen Kunden ohne sein Wissen ändert.
- Persönliche Informationen bleiben nur dann vertraulich, wenn für andere Mitarbeiter der Zugang gesperrt ist.
- Das Management möchte nicht, das Mitarbeiter die Gesamtumsätze sehen können.
- Der Produkt- oder Dienstleistungskatalog des Unternehmens wird nur von einer Person verändert.

Es sollten deshalb von vornherein immer nur solche Rechte vergeben werden, die auch wirklich notwendig sind. Inwieweit die Möglichkeiten des CRM Systems zur Rechtevergabe genutzt werden, hängt von den Bedürfnissen Ihres Unternehmens ab. Das kann z.B. so aussehen:

- Nur der Nutzer „Produktmanager" kann Produkte in der Produktliste Einfügen, Ändern oder Löschen.
- Jeder Nutzer aus dem „Vertrieb" kann die Kontaktdaten einsehen.
- Nur das Management hat Zugang zum Gesamtumsatz.
- Das Sekretariat darf keine Vertriebsdaten verändern.
- Kein Vertriebspersonal darf Kontaktdaten aus dem CRM exportieren.

In den meisten Fällen ist es zweckmäßig, die Rechtevergabe im CRM System in der folgenden Reihenfolge vorzunehmen:

Tabelle 5-1: Arbeitsschritte zur Einstellung von Nutzerrechten

Arbeitsschritt	Beschreibung
1. Setzen der Globalen Rechtevergabe:	Unternehmensweit gültige Privilegien sollten zuerst festgelegt werden. Sie sind die Basis für alle Rechtezuweisungen an die zu erzeugenden Benutzer.
2. Erstellen von Profilen:	Profile sind der Ausgangspunkt zur Rechtevergabe für einzelne Nutzer. In einer Organisation gibt es in der Regel unterschiedliche Arbeitsaufgaben, wie Vertrieb, Service, Sekretariat oder CRM Administrator. Alle CRM Funktionen und Eingabefelder können in Abhängigkeit von den angestrebten Nutzerrechten zugelassen oder nicht zugelassen werden.
3. Definition der Hierarchie und der damit verbundenen Rollen:	Rollen basieren auf Profile und definieren die Rechte eines einzelnen Nutzers basierend auf seiner Stellung in der hierarchischen Struktur im Unternehmen.
4. Definition der Gruppen:	Vor allem größere Unternehmen können Gruppen verwenden, um die Bedienung und das Management des CRM Systems zu erleichtern.
5. Anlegen von Benutzern:	Legen Sie Benutzer an und weisen Sie denen eine Rolle zu.

Einzelnutzer brauchen keine Rechte verwalten. Sie haben und brauchen alle Rechte an den im CRM System eingegebenen Daten. Trotzdem ist es zweckmäßig die Möglichkeiten der Rechtevergabe in den Grundzügen zu kennen. Das wird mitunter dann benötigt, wenn später weitere Mitarbeiter mit dem CRM System arbeiten sollen.

Eine geringe Anzahl von Nutzern, die das CRM System gemeinsam unter einer Lizenz nutzen, sollten mit den einfachen Lösungen vertraut sein, welche die Rechtevergabe Ihnen bietet. Dazu zählen insbesondere:

- **Verhindern, dass andere Mitarbeiter Informationen ansehen können:** Damit lässt sich innerhalb des CRM Systems eine Privatsphäre aufbauen, in der ggf. persönliche Kontakte oder andere Informationen abgelegt werden.
- **Verhindern, dass andere Mitarbeiter Informationen löschen oder verändern:** Damit wird gewährleistet, dass der Eigentümer von Daten die Daten auch schützen kann.

Diese Art des Entzugs von Rechten kann durch jeden Nutzer individuell festgelegt werden. In der Regel gibt es zwischen diesen Mitarbeitern keine ausgeprägte Hierarchie, so dass eine komplexe Rechteverwaltung nicht aufgebaut werden muss. Sollte es jedoch erforderlich sein, Rechte an Daten feiner zu granulieren, sollte mit der Nutzung von Profilen begonnen werden. Jeder einzelne Nutzer kann damit mit bestimmten Rechten
ausgestattet werden.

Hinweis: Sie sollten niemals den "Administrator" Nutzer für Ihre Arbeit mit dem CRM System benutzen. Es ist besser, für Administratoraufgaben einen speziellen Nutzer anzulegen. Später können Sie dann die Rechte dieses Nutzers an einen anderen Nutzer übertragen.

Will man eine größere Anzahl von Nutzern mit unterschiedlichen Nutzerrechten ausstatten, ist eine klare Struktur der Rechtevergabe notwendig. Sinnvoller Weise verbindet man darin Nutzerrechte mit der Stellung oder der Aufgabe im Unternehmen. Eine Zusammenfassung von individuellen Nutzern unter Profilen mit identischen Rechten erleichtert den Aufbau einer strukturierten Rechtevergabe sowie deren Verwaltung. Je nach Komplexität empfiehlt es sich, vor der Einführung von Rechten einen Plan zur Rechtevergabe zu erstellen und diesen mit den Nutzern abzustimmen.

5.2.1 CRM Nutzer

Um neue Nutzer zu erzeugen oder vorhandene Nutzer zu managen, öffnen Sie die Listenansicht, wie in der Abbildung 5-2 gezeigt, durch Klicken auf das **[Nutzer]** Menü.

Abbildung 5-2: CRM Nutzer - Listenansicht

Diese Liste enthält die Namen der CRM Nutzer, den Login Namen, den Status und andere Nutzerdetails. Die Liste enthält alle eingerichteten Benutzer, unabhängig davon, ob diese aktiv sind. In der Listenansicht können Sie neue Nutzer hinzufügen. Zum Bearbeiten oder Löschen müssen Sie zu der Detailansicht wechseln.

Die Felder in der Detailansicht sind im Wesentlichen identisch mit dem Menü *Meinen Einstellungen* und wurden im Kapitel 2.3.1 bereits erklärt.

	Rolle	Nutzername	Status	andere E-Mail	Admin	Telefon Büro	
Admin Administrator ak@crm-now.de	CEO	admin	Aktiv		ja		
Max Musternutzer mm@muster.de	CEO	Max	Aktiv		nein		
Ilse Beispielnutzer ib@beispiel.de	CEO	Ilse	Aktiv		nein		✏ 🗑

Abbildung 5-3: Mouse Over Funktionen in Nutzerlistenansicht

Mit den vorhandenen Mouse-Over Icons, siehe Abbildung 5-3, können Sie folgende Aufgaben ausführen:

Tabelle 5-2: Liste der Icons aus Nutzerdetailansicht

Icon	Beschreibung
Bearbeiten:	Mit diesem Icon erreichen Sie die Bearbeitungsansicht und können die Stammdaten eines Benutzers verändern.
Löschen:	Mit diesem Icon können Sie einen Benutzer löschen. Die Lösch-Funktion löscht einen Benutzer, jedoch nicht die Daten des Benutzers. Sie werden beim Löschen gefragt, ob Sie den Nutzer wirklich löschen oder nur inaktiv schalten wollen und an welchen vorhandenen Benutzer die Daten des zu löschenden Benutzers übergeben werden sollen. Sie können den admin Nutzer, der durch das CRM System vorgegeben wurden, nicht löschen.

Hier einige Erklärungen zu den Eingabefeldern in den Stammdaten.

Tabelle 5-3: Liste der Angaben zu CRM Nutzerdetails I

Eingabefeld	Verwendung
Nutzername:	Jeder Nutzer des CRM Systems bekommt einen eindeutigen Nutzernamen, der mindestens 8 Zeichen lang sein sollte. Im Unterschied zu den vorhergehenden CRM Versionen, können Sie einen Nutzernamen später auch ändern.
Passwort:	Hier können und müssen Sie einem Nutzer ein Passwort für den Zugang zum CRM System zuweisen. Nutzernamen und Passwörter bestehen aus einer Kombination aus Buchstaben und Zahlen mit einer empfohlenen Länge von mindestens 8 Zeichen. Benutzen Sie Zahlen und Buchstaben (groß, klein) gut gemischt. Je mehr Zeichen Ihre Angaben haben, umso sicherer ist ihr Zugang. Die Nutzung von Umlauten (ä, ö, ü, ß), sowie anderen Sonderzeichen, mit Ausnahme des „-" Zeichens, ist nicht erlaubt.
E-Mail:	Die E-Mail Adresse des Benutzers können Sie in diesem Feld eingeben. Diese wird als Absenderadresse für alle aus dem CRM versendeten E-Mails verwendet.
Administratorrechte:	Mit dieser Checkbox können Sie einem Nutzer Administratorrechte zuweisen. Damit erhält ein Nutzer unabhängig von seiner Rolle uneingeschränkte Rechte im CRM System. Das ist praktisch in der Anfangsphase wenn man das CRM für sich einrichtet, aber für die tägliche Arbeit nicht zu empfehlen.
Status:	Sie können einen angelegten Nutzer inaktiv schalten, bzw. wieder aktivieren. Inaktive Nutzer können keinen Zugang zum CRM erlangen.
Vor- und Nachname:	Geben Sie Vor- und Nachnamen des Nutzers an. Der Vorname wird im Navigationsmenü angezeigt.
Währung:	Sie können für einen Benutzer individuell eine Währung auswählen, die Sie zuvor in dem Einstellungsmenü für Währungen definiert haben.
Standard Lead-Ansicht:	Hier können Sie festlegen, wann Leads in dem entsprechenden Widget auf der Startseite dargestellt werden.
Rolle:	Hier wird dem Nutzer eine spezielle Rolle zugeordnet, welche die Arbeitsaufgabe im Unternehmen definiert. Dazu müssen Sie zuvor entsprechende Rollen festgelegt haben. Näheres dazu finden Sie im nachfolgenden Kapitel 5.2.2.
Standard-kalenderansicht:	Hier können Sie festlegen, wie die Aktivitäten für einen Benutzer im Kalendermenü dargestellt werden.

Die Eingaben zur im CRM verwendeten Währung für den einzelnen Nutzer im nächsten Eingabeblock sind vor allem für die Währungsangaben in Angeboten, Bestellungen und Rechnungen wichtig und umfassen folgende Informationen:

Tabelle 5-4: Liste der Angaben zu CRM Nutzerdetails II

Eingabefeld	Verwendung
Währung:	Sie können für einen Benutzer individuell eine Währung auswählen, die Sie zuvor in dem Einstellungsmenü für Währungen definiert haben. Diese Währung wird dann als Standardwährungen für alle Angebote, Bestellungen und Rechnungen genutzt.
Muster für Zahlengruppierungen:	Größere Zahlen kann man zur besseren Lesbarkeit mit Trennzeichen gruppieren. In dem Menü können Sie das gewünschte Format auswählen.
Trennzeichen der Zahlengruppierungen:	Hier können Sie das in den größeren Zahlen verwendete Trennzeichen festlegen.
Dezimaltrennzeichen:	Hier bestimmen Sie das Trennzeichen für die „Kommastelle" für Zahlen. In Europa ist das i.d.R. auch ein Komma.
Position des Währungssymbols:	Währungssymbole können vor und hinter einer Zahlenangabe platziert werden. In Europa wird i.d.R. die Angabe hinter der Zahl gemacht.

Tabelle 5-5: Liste der Angaben zu CRM Nutzerdetails III

Eingabefeld	Verwendung
Funktion, Abteilung:	Hier können Sie angeben, welche Position die Person im Unternehmen bekleidet.
Telefon Büro, Mobil, Weiteres Telefon, Telefon privat und Fax:	Sie können hier weitere Kontaktmöglichkeiten zu dem Nutzer eintragen.
weitere E-Mail:	Hier können Sie eine weitere E-Mail Adresse hinterlegen.
andere E-Mail:	Das ist noch ein weiteres Eingabefeld für eine andere E-Mail Adresse.
Berichtet an:	Sie können hier eine Beziehung zu einem anderen vorgesetzten Nutzer vermerken. Hier wird nur die Beziehung gezeigt, ohne dass es einen Einfluss auf die Rechtevergabe im CRM hat.
Datumsformat:	Sie können zwischen verschiedenen Formaten für die Anzeige des Datums wählen. Diese gelten dann für alle Datumsangaben im CRM sowohl für die Anzeige als auch für die Bearbeitung.
E-Mail Signatur:	Hier können Sie festlegen, wie eine elektronische Unterschrift des Nutzers aussieht. Diese Unterschrift wird dann automatisch an jede ausgehende E-Mail angefügt. Das Format der Unterschrift können Sie selbst mit HTML Tags gestalten. Entsprechende Hinweise finden Sie im Kapitel 4.3 *Häufig gestellte Fragen von CRM Nutzern*.
Notizen:	Hier kann der Administrator bei Bedarf zusätzliche Angaben zu einem Nutzer notieren.

Eingabefeld	Verwendung
Internes E-Mail Programm:	Für das Versenden von E-Mails bietet Ihnen das CRM ein eigenes Web basierten E-Mail Programm an. I.d.R. ist es vorteilhaft, dieses auch zu nutzen um auch Zugang zu den abgelegten E-Mail Vorlagen zu haben und um E-Mails direkt im CRM abzulegen. Bei Bedarf können Sie das aber auch ausschalten und den auf Ihrem Computer verwendeten E-Mail Client zum Versand von E-Mails nutzen.
Sprache:	Hier kann die Sprache des jeweiligen Benutzers festgelegt werden.

Zusätzlich können Sie unter „Nutzeradresse" weitere Angaben über die Adresse des Nutzers erfassen. Unter „Photo des Nutzers" kann ein Foto des Benutzers hochgeladen werden. Die Eingabefelder sind selbsterklärend. Achten Sie darauf, dass das Foto in der Originalgröße dargestellt wird.

Tabelle 5-6: Liste der Angaben zu CRM Nutzerdetails IV

Eingabefeld	Verwendung
erweiterte Optionen Zugangsschlüssel:	Für einige CRM Erweiterungen wird dieser Zugangsschlüssel zum Login in das CRM genutzt. Wann das der Fall ist, finden Sie in den entsprechenden Beschreibungen für die CRM Erweiterungen.

In dem Block „Tag Cloud Ansicht" wird entschieden, ob die Tag Cloud auf der Startseite des individuellen Benutzers zu sehen ist. Markieren Sie die entsprechenden Checkboxen.

Um einen neuen Benutzer anzulegen, klicken Sie auf den **[Nutzer erstellen]** Button in der Listenansicht. Damit öffnen Sie die Erstellansicht und Sie können die oben beschriebenen Angaben machen.

5.2.2 Rollen

Rollen entsprechen i.d.R. der Arbeitsaufgabe im Unternehmen und in der Rollenhierarchie wird Ihre Unternehmenshierarchie abgebildet. Wenn sich detailliert über Rollen im CRM informieren wollen, lesen Sie bitte die Einführung in rollenbasierte Sicherheit im Anhang B.

Klicken Sie auf das **[Rollen]** Menü, um die hierarchische Rollenansicht zu öffnen, wie es beispielhaft in der Abbildung 5-4 gezeigt wird.

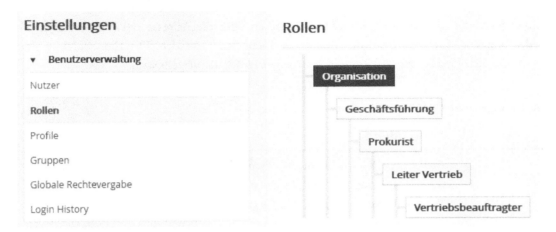

Abbildung 5-4: Beispiel für eine Unternehmenshierarchie

In dem Menü können Sie Rollen hinzufügen, bearbeiten, löschen oder mit der Maus durch eine Drag und Drop Operation verschieben. Bewegen Sie Ihre Computer Maus über den Namen einer Rolle. Dann sehen Sie eine Anzahl von Icons, mit denen Sie diese Operationen ausführen können.

Wenn Sie eine neue Rolle hinzufügen, so wird diese hierarchisch unter einer existierenden Rolle erzeugt. Wenn Sie eine Rolle löschen, so werden Sie gefragt, welcher anderen Rolle die Zuständigkeit der zu löschenden Rolle übertragen werden soll.

In der Abbildung 5-5 sehen Sie beispielhaft die Bearbeitungsansicht für eine existierende Rolle für die Geschäftsführung.
Dort sehen Sie den Namen der Rolle, den Namen der übergeordneten Rolle und Rechteeinstellungen.

Zu den Rechteeinstellungen machen Sie hier 2 Angaben:

- Sie legen fest, wem diese Rolle Datensätze zuweisen kann
- Sie weisen ein Profil zu

Wenn das CRM neu ist, so können alle Nutzer allen anderen Nutzern Daten über das Feld *zuständig* in den Stammdaten eines Moduls zuweisen. Wenn Sie das beschränken wollen, treffen Sie Ihre entsprechende Auswahl.

In dem Beispiel aus Abbildung 5-5 wurde der Rolle *Geschäftsführung* das *Unternehmensleitungsprofil* zugeordnet. Diese Rolle wurde durch einen Klick auf das untere Eingabefeld ausgewählt.
Theoretisch können Sie auch mehrere Profile zu einer Rolle zuweisen. Diese werden dann bei der Rechtevergabe logisch ODER verknüpft. Wenn Sie noch nicht mit dem CRM vertraut sind, oder keine besonderen Anforderungen an die Rechteverwaltung haben, brauchen Sie das nicht.

Nutzer mit einer bestimmten Rolle, können immer die Daten von Nutzern aus einer untergeordneten Rolle sehen, verändern oder löschen.

Rollen

Name*:	Geschäftsführung
berichtet an:	Organisation
darf Datensätze zuweisen an:	⦿ Alle Nutzer
	○ Nutzer mit gleicher Rolle oder untergeordneter Rolle
	○ Nutzer mit untergeordneter Rolle
Rechte:	○ Rechte direkt der Rolle zuweisen ⦿ Rechte von existierenden Profilen übernehmen

⊠ Unternehmensleitungsprofil

Speichern Abbrechen

Abbildung 5-5: Rolle Bearbeitungsansicht

Wenn Sie **[Rechte direkt der Rolle zuweisen]** auswählen, wird das Menü um weiterer Eingaben ergänzt. Das schafft die Möglichkeit direkte Profilangaben zu machen und die werden im nächsten Kapitel erläutert.

5.2.3 Profile

Alle Rollen sind mit Profilen verbunden. Mit Hilfe der Profile definieren Sie die Rechte CRM Module zu nutzen und Daten anzusehen, zu verändern oder zu löschen.

Klicken Sie auf das **[Profile]** Menü, um eine Liste der bereits eingerichteten Profile zu sehen. Beispielhaft ist eine solche Liste in der Abbildung 5-6 dargestellt. Mit dem CRM wird bereits u. U. eine Reihe von Profilen mitgeliefert, die von Ihnen verändert oder gelöscht werden können.

Profile

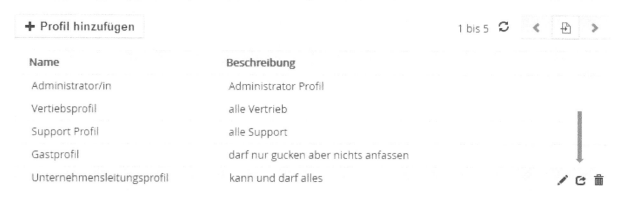

+ Profil hinzufügen   1 bis 5 ⟳ ‹ ⊞ ›

Name	Beschreibung
Administrator/in	Administrator Profil
Vertiebsprofil	alle Vertrieb
Support Profil	alle Support
Gastprofil	darf nur gucken aber nichts anfassen
Unternehmensleitungsprofil	kann und darf alles

Abbildung 5-6: Profile Listenansicht

Die in der Abbildung dargestellten Icons auf der rechten Seite erscheinen, wenn Sie mit der PC Maus über einen Eintrag sind. Mit den Icons können Sie direkt in die Bearbeitungsansicht wechseln, eine Kopie des Profils erstellen oder das Profil löschen. Mit der Kopierfunktion können Sie ein existierendes Profil als Vorlage für ein neues Profil verwenden, was manchmal die Anzahl der nachfolgenden Arbeitsschritte reduziert.

Klicken Sie auf den Namen eines Profils, um in die Detailansicht zu wechseln.

Um ein neues Profil anzulegen, klicken Sie auf den **[Profil hinzufügen]** Button in der Listenansicht. Folgen Sie den Anweisungen:

1. Schritt:

Geben Sie dem Profil einen eindeutigen Namen und beschreiben Sie den Zweck des Profils. Wie in der Abbildung 5-7 zu sehen, müssen Sie dann auswählen, ob die Rechte einräumen alles anzusehen oder/und alles zu bearbeiten. Bedenken Sie, dass Sie damit alle anderen Rechtebeschränkungen außer Betrieb nehmen. In der Regel sollten das für Nutzer nicht erlaubt werden.

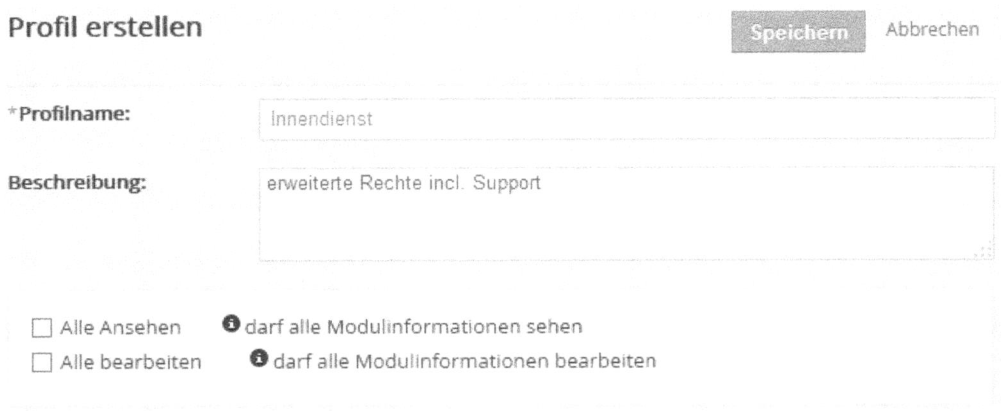

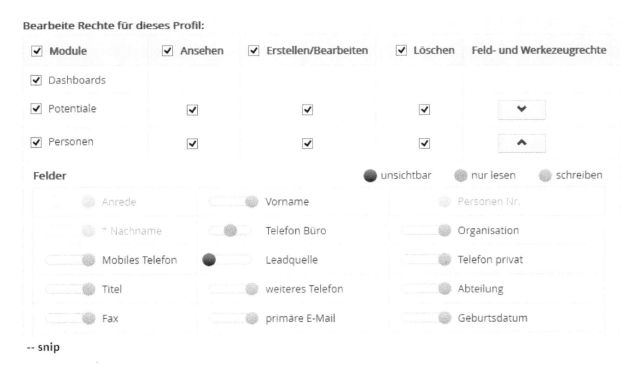

Abbildung 5-7: Neues Profil anlegen - Schritt 1

2. Schritt:

Im 2. Schritt, wie in Abbildung 5-8 gezeigt, können Sie festlegen, welche Privilegien bezogen auf die CRM Module dem Profil zugeordnet werden.

Abbildung 5-8: Neues Profil anlegen - Schritt 2

Dabei können Sie über Checkboxen bestimmte Feldeigenschaften festlegen und entscheiden

- welche Module durch das Profil einem Nutzer zur Verfügung gestellt werden,
- welche Berechtigungen innerhalb eines Moduls zur Anwendung kommen sollen,

- welche Felder innerhalb eines Moduls bereitgestellt werden und
- welche Felder nicht angezeigt werden sollen oder nur mit einer Leseberechtigung ausgestattet werden sollen und damit nur in einer Detailansicht sichtbar sind.

3. Schritt:

In der Feld und Werkzeugangabe, werden außerdem einige CRM Funktionen freigeschaltet oder verboten, wie in Abbildung 5-9 gezeigt

Werkzeuge

☑ Import   ☑ Export   ☑ Zusammenführen

☑ Duplikatsbereinigung

Abbildung 5-9: Neues Profil anlegen - Schritt 3

Entfernen Sie die Markierung aus einer Checkbox, werden diese Funktionen aus den Menüs für die Nutzer entfernt, welche eine Rolle mit diesem Profil haben.

Klicken Sie auf **[Speichern]** um Ihr Profil im CRM System abzulegen.

5.2.4 Nutzergruppen

Gruppen sind für eine größere Anzahl von CRM Nutzern ein sehr effektives Hilfsmittel, um Nutzer und Privilegien zusammenzufassen. Jede Art von Beziehungen kann genutzt werden, um Gruppen zu bilden, wie z.B.:

- Nutzer am selben Ort.
- Nutzer mit derselben Aufgabe.
- Nutzer einer Abteilung.
- Nutzer mit der gleichen Arbeitserfahrung, usw.

Klicken Sie auf das **[Gruppen]** Menü, um die Listenansicht zu öffnen, wie in der Abbildung 5-10 dargestellt.

Abbildung 5-10. Gruppen - Listenansicht

Die in der Abbildung dargestellten Icons auf der rechten Seite erscheinen, wenn Sie mit der PC Maus über einen Eintrag sind. Mit den Icons können Sie direkt in die Bearbeitungsansicht wechseln oder eine Gruppe löschen. Beim Löschen werden Sie dann gefragt, an wen die Zuständigkeit der zu löschenden Gruppe übertragen werden soll.

Klicken Sie auf einen Gruppennamen, um zu der Detailansicht zu gelangen. Ein Beispiel wird in der Abbildung 5-11 gezeigt. Die Detailansicht zeigt Ihnen den Namen der Gruppe, die Beschreibung und die Nutzer. Sie können die Gruppe verändern, indem Sie auf den **[Bearbeiten]** Button klicken.

Abbildung 5-11: Gruppen - Detailansicht

Um eine neue Gruppe zu erstellen, klicken Sie auf den **[Gruppe hinzufügen]** Button in der Listenansicht. In dem sich öffnenden Eingabefenster, siehe Abbildung 5-12, können Sie die Gruppe definieren.

Geben Sie der Gruppe zuerst einen eindeutigen Namen und ergänzen Sie diesen mit einer kurzen Beschreibung.

Wählen Sie dann die Mitglieder der Gruppe aus. Klicken Sie dazu in das Eingabefeld und wählen Sie dann ein Mitglied nach dem andern aus.

Mitglieder einer Gruppe können aus Nutzern, aus Rollen, aus Rollen mit Untergebenen oder aus anderen Gruppen bestehen. Wenn Sie sich erst in das Rechtesystem einarbeiten, vermeiden Sie komplexe Kombinationen und starten Sie erst mal damit, einzelne Nutzer zu einer Gruppe hinzufügen. Denken Sie daran, dass Sie mit der Gruppenbildung keine neuen Rechte definieren, sondern vorhandene Rechte kombinieren.

Abbildung 5-12: Gruppen - Erstellansicht

Klicken Sie auf **[Speichern]** um Ihre neue Gruppe im CRM System zu definieren.

5.2.5 Globale Rechtevergabe

Im CRM System können Sie Rechte vergeben, die unternehmensweit gültig sind. Mit deren Hilfe kann ein Administrator schnell verschiedene Sicherheitsstandards setzen, auf denen alle anderen Sicherheitseinstellungen beruhen. Deshalb sollte die Festlegung der globalen Zugangsregeln immer zuerst erfolgen.

Die Globale Rechtevergabe setzt sich aus **Globalen Zugangsregeln** und **Benutzerdefinierte Zugangsregeln** zusammen.

In dem Menü **Globale Rechtevergabe** erhalten Sie eine Übersicht über die vorhandenen Einstellungen. Wie in der Abbildung 5-13 beispielhaft gezeigt wird, sehen Sie eine Liste der globalen Zugangsprivilegien für Ihr gesamtes Unternehmen. Die nachfolgenden Typen der Zugangsprivilegien stehen zur Auswahl:

Tabelle 5-7: Typen der globalen Zugangsregeln

Privileg	Bedeutung
Öffentlich: Nur Lesen	Alle Nutzer können einen Datensatz ansehen und diesen in Berichten verwenden. Nur der Besitzer eines Datensatzes und ein Nutzer, dem in der hierarchischen Ordnung eine Rolle zugewiesen wurde, die über der Rolle des Nutzers liegt, können diesen Datensatz bearbeiten, ansehen oder löschen.
Öffentlich: Lesen, Erzeugen/Bearbeiten	Alle Nutzer können einen Datensatz ansehen, bearbeiten und diesen in Berichten verwenden. Nur der Besitzer eines Datensatzes und ein Nutzer, dem in der hierarchischen Ordnung eine Rolle zugewiesen wurde, die über der Rolle des Nutzers liegt, können diesen Datensatz löschen.
Öffentlich: Lesen, Erzeugen/Bearbeiten, Löschen	Die Nutzung ist nicht eingeschränkt .Alle Nutzer können einen Datensatz ansehen, bearbeiten und löschen.
Privat	Nur der Besitzer eines Datensatzes und ein Nutzer, dem in der hierarchischen Ordnung eine Rolle zugewiesen wurde, die über der Rolle des Nutzers liegt, können diesen Datensatz bearbeiten, ansehen, löschen oder in Berichte einbinden.

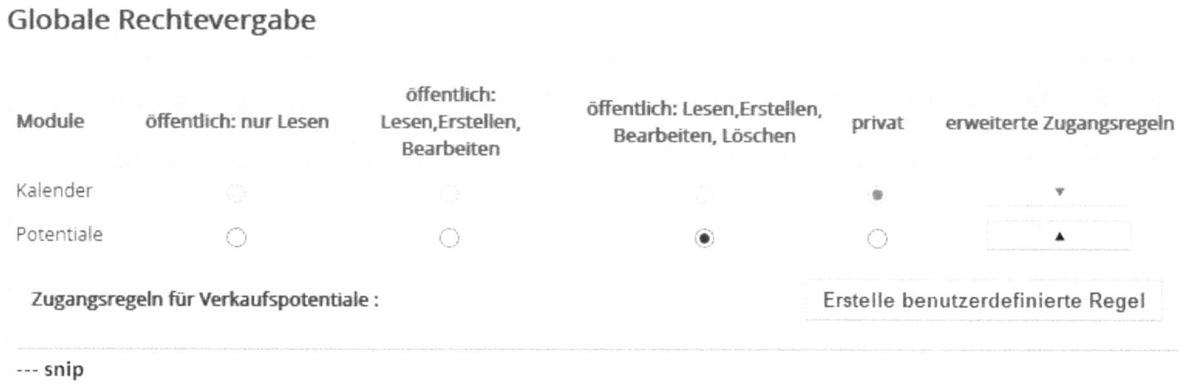

Globale Rechtevergabe

Module	öffentlich: nur Lesen	öffentlich: Lesen,Erstellen, Bearbeiten	öffentlich: Lesen,Erstellen, Bearbeiten, Löschen	privat	erweiterte Zugangsregeln
Kalender	○	○	○	●	▾
Potentiale	○	○	◉	○	▲
Zugangsregeln für Verkaufspotentiale :				Erstelle benutzerdefinierte Regel	

--- snip

Abbildung 5-13: Globale Rechtevergabe - Listenansicht

Bitte beachten Sie die folgenden **Regeln**:

- Privilegien, die durch globale Einstellungen gewährt werden, können durch Profile entzogen werden
- Die Privilegien für das Modul Kalender sind auf den Typ „Privat" gesetzt und können nicht verändert werden.
- Unabhängig von den globalen Privilegien, können Nutzer mit einer Rolle, die hierarchisch übergeordnet ist, die Daten von Nutzern mit untergeordneten Rollen immer sehen und bearbeiten.
- Wenn die Privilegien für Organisationen & Personen auf „Privat" gesetzt werden, ist der Zugang auf darauf bezogene Verkaufspotentiale, Trouble Tickets, Angebote, Einkäufe, Verkäufe und Rechnung ebenfalls auf „Privat" gesetzt. Sie müssen mindestens eine Leseberechtigung haben, um Aktivitäten und andere bezogene Daten eingeben zu können.

Zusätzlich können Sie spezielle **Benutzerdefinierte Zugangsregeln** für einzelne CRM Module definieren, die praktisch als Ausnahme zu den globalen Regeln dienen können.

Also, wenn Sie z.B. als globale Regel den Zugang auf Personen auf *privat* gestellt haben, sieht jeder Nutzer nur die Personen, für die er zuständig ist. Mit einer benutzerdefinierten Regel könnten Sie jetzt *privat* mit einer weiteren Regel ergänzen, wie z.B. Nutzer mit Rolle Vertrieb-Ausland dürfen auch die Daten sehen, für die Vertrieb-Inland zuständig ist.

Folgende Kombinationen sind möglich:

- Von Rolle zu Rolle
- Von Rolle zu Rolle mit Unterstellten
- Von Rolle zu Gruppe
- Von Rolle mit Untergebenen zu Rolle
- Von Rolle mit Untergebenen zu Rolle mit Unterstellten
- Von Rolle mit Untergebenen zu Gruppe
- Von Gruppe zu Rolle
- Von Gruppe zu Rolle mit Unterstellten
- Von Gruppe zu Gruppe

Klicken Sie **[Erstelle benutzerdefinierte Regel]** um eine neue Regel, wie in gezeigt zu erstellen.

Abbildung 5-14: Erstellansicht für benutzerdefinierte Zugangsregeln

Benutzerdefinierte Zugangsregeln können für die folgenden CRM Module aufgestellt werden:

Tabelle 5-8: Benutzerdefinierte Zugangsregeln für Module

Modul	Bedeutung
Leads:	Auf Leads, die einem Nutzer mit einer zugewiesenen Rolle bzw. Rolle mit Unterstellten/Gruppe gehören, kann durch andere Nutzer mit bestimmten zugewiesenen Rollen bzw. Rollen mit Unterstellten/Gruppen zugegriffen werden. Dabei kann bestimmt werden, ob es für diesen nur eine Leseberechtigung oder eine Lese- und Schreibberechtigung gibt. E-Mails, die sich auf einen Lead beziehen, werden dann ebenfalls mit nur einer Leseberechtigung oder einer Lese- und Schreibberechtigung versehen.
Organisationen & Personen:	Auf Organisationen, die einem Nutzer mit einer zugewiesenen Rolle bzw. Rolle mit Unterstellten/Gruppe gehören, kann durch andere Nutzer mit bestimmten zugewiesenen Rollen/Rollen mit Unterstellten/Gruppen zugegriffen werden. Dabei kann bestimmt werden, ob es für diesen nur eine Leseberechtigung oder eine Lese- und Schreibberechtigung gibt. E-Mails, die sich auf eine Organisation beziehen, werden dann ebenfalls mit nur einer Leseberechtigung oder einer Lese- und Schreibberechtigung versehen. Benutzerdefinierte Zugangsregeln, die für eine Organisation festgelegt werden, sind ebenfalls für Personen gültig.
Verkaufspotentiale:	Auf Verkaufspotentiale, die einem Nutzer mit einer zugewiesenen Rolle bzw. Rolle mit Unterstellten/Gruppe gehören, kann durch andere Nutzer mit bestimmten zugewiesenen Rollen bzw. Rollen mit Unterstellten/Gruppen zugegriffen werden. Dabei kann bestimmt werden, ob es für diesen nur eine Leseberechtigung oder eine Lese- und Schreibberechtigung gibt. Angebote und Verkaufsbestellungen, die sich auf ein Verkaufspotential beziehen, werden dann ebenfalls mit einer Leseberechtigung oder einer Lese- und Schreibberechtigung versehen.
Trouble Tickets:	Auf Tickets, die einem Nutzer mit einer zugewiesenen Rolle bzw. Rolle mit Unterstellten/Gruppe gehören, kann durch andere Nutzer mit bestimmten zugewiesenen Rollen/Rollen mit Unterstellten/Gruppen zugegriffen werden. Dabei kann bestimmt werden, ob es für diesen nur eine Leseberechtigung oder eine Lese- und Schreibberechtigung gibt.
Kampagnen:	Auf Kampagnen, die einem Nutzer mit einer zugewiesenen Rolle bzw. Rolle mit Unterstellten/Gruppe gehören, kann durch andere Nutzer mit bestimmten zugewiesenen Rollen/Rollen mit Unterstellten/Gruppen zugegriffen werden. Dabei kann bestimmt werden, ob es für diesen nur eine Leseberechtigung oder eine Lese- und Schreibberechtigung gibt.
Angebote:	Auf Angebote, die einem Nutzer mit einer zugewiesenen Rolle bzw. Rolle mit Unterstellten/Gruppe gehören, kann durch andere Nutzer mit bestimmten zugewiesenen Rollen oder Rollen mit Unterstellten/Gruppen zugegriffen werden. Dabei kann bestimmt werden, ob es für diesen nur eine Leseberechtigung oder eine Lese- und Schreibberechtigung gibt. Verkaufsbestellungen, die sich auf ein Angebot beziehen, werden dann ebenfalls mit einer Leseberechtigung oder einer Lese- und Schreibberechtigung versehen.

Modul	Bedeutung
Einkäufe:	Auf Einkaufsbestellungen, die einem Nutzer mit einer zugewiesenen Rolle/Rolle mit Unterstellten/Gruppe gehören, kann durch andere Nutzer mit bestimmten zugewiesenen Rollen/Rollen mit Unterstellten/Gruppen zugegriffen werden. Dabei kann bestimmt werden, ob es für diesen nur eine Leseberechtigung oder eine Lese- und Schreibberechtigung gibt.
Verkäufe:	Auf Verkaufsbestellungen, die einem Nutzer mit einer zugewiesenen Rolle bzw. Rolle mit Unterstellten/Gruppe gehören, kann durch andere Nutzer mit bestimmten zugewiesenen Rollen oder Rollen mit Unterstellten/Gruppen zugegriffen werden. Dabei kann bestimmt werden, ob es für diesen nur eine Leseberechtigung oder eine Lese-und Schreibberechtigung gibt. Rechnungen, die sich auf eine Verkaufsbestellung beziehen, werden dann ebenfalls mit einer Leseberechtigung oder einer Lese- und Schreibberechtigung versehen.
Rechnung:	Auf Verkaufsbestellungen, die einem Nutzer mit einer zugewiesenen Rolle bzw. Rolle mit Unterstellten/Gruppe gehören, kann durch andere Nutzer mit bestimmten zugewiesenen Rollen oder Rollen mit Unterstellten/Gruppen zugegriffen werden. Dabei kann bestimmt werden, ob es für diesen nur eine Leseberechtigung oder eine Lese- und Schreibberechtigung gibt.

Folgende **Regeln** müssen beachtet werden:

- Benutzerdefinierte Zugangsregeln können nur dazu genutzt werden, die Sichtbarkeit von Daten zu erhöhen.
- Benutzerdefinierte Zugangsregeln können nicht dazu genutzt werden, Daten zwischen zwei Nutzern auszutauschen
- Benutzerdefinierte Zugangsregeln werden bei Einführung auf alle existierenden und zukünftigen Daten angewendet.
- Die Anzahl der benutzerdefinierten Zugangsregeln, die für eine Rolle, eine Rolle mit Unterstellten und eine Gruppe definiert werden können, ist nicht begrenzt.

5.2.6 Details der Login-Historie

Hier haben Sie die Möglichkeit, sich die Login-Historie aller Nutzer anzeigen zu lassen. Wählen Sie dazu in der Auswahlliste den Nutzer aus, dessen Login-Historie Sie sehen wollen.

Login Historie der Nutzer

Nutzername	IP Adresse des Nutzers	Anmeldezeit	Abmeldezeit	Status
Admin Administrator	85.179.7.115	21-07-2014 14:37:22	21-07-2014 14:44:48	Signed off
Max Musternutzer	85.179.7.115	21-07-2014 14:35:45	21-07-2014 14:37:15	Signed off

Abbildung 5-15: Beispiel für Login Historie

Ist in der Liste die Abmeldezeit leer, heiß das nur, dass sich ein Nutzer nicht im Browser vom CRM abgemeldet hat. Der kann auf Grund von s.g. Session-Timouts im CRM nicht mehr aktiv sein.

5.3   Studio

Das Studio erlaubt Ihnen, die Module im CRM freizuschalten oder zu sperren, neue Funktionen oder Module dem CRM bereitzustellen, die Anzeigen der Stammdaten in den einzelnen Modulen zu verändern und den Inhalt der Auswahllisten festzulegen. In den folgenden Kapiteln werden diese Funktionen erläutert.

5.3.1   Felder anpassen

Die Eingabefelder in Ihren Stammdaten können Sie an Ihre Anforderungen anpassen. In diesem Menü können Sie:

- neue Eingabeblöcke für Stammdaten erstellen und löschen
- neue Eingabefelder für Stammdaten erstellen und löschen
- fast alle Standardfelder aus den Ansichten entfernen
- die Anordnung der Felder ändern
- Felder mit Eigenschaften versehen

Für die Änderung von Inhalten in Auswahllisten gibt es das andere Menü Auswahllisten Editor, siehe Kapitel 5.3.2.

In der nachfolgenden Abbildung 5-16 ist beispielhaft ein Ausschnitte aus der Detailansicht von Organisationen zu sehen. Folgende Operationen sind durch Drag und Drop mit der Maus möglich:

- Es kann die Reihenfolge der Blöcke (hier *Organisationsdetails* und *weitere Informationen*) geändert werden.
- Es kann die Reihenfolge der Felder geändert werden.
- Es können Felder zwischen Blöcken verschoben werden

Leere Blöcke werden in den Datenansichten nicht angezeigt.

Wählen Sie zuerst in der rechten oberen Ecke, das CRM Modul. Danach werden Ihnen alle Eingabefelder aus diesem Modul angezeigt.

Platziert man die Maus über ein Feld erschein das Bearbeitungs-Icon für Feldeigenschaften. Die im unteren Teil der Abbildung zu sehenden Eigenschaften erklärt die nachfolgende Tabelle. Diese Feldeigenschaften steuern zusammen mit den Feldeigenschaften aus den Profilen, die Anzeigen der Felder in verschiedenen Menüs.

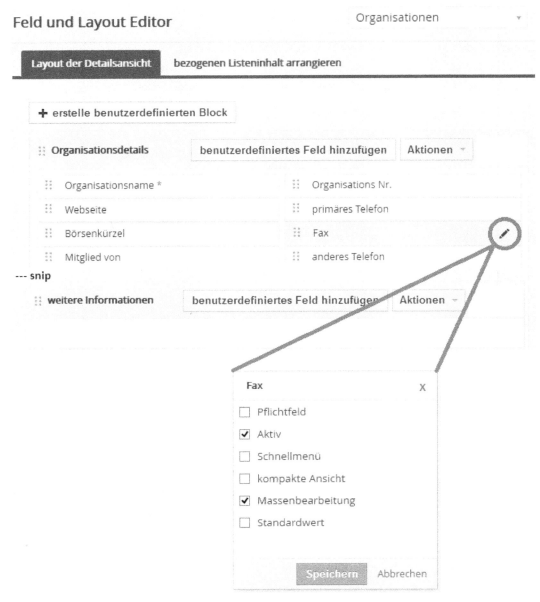

Abbildung 5-16: Feld- und Layout Editor Menü

Tabelle 5-9: Feldeigenschaften

Eigenschaft	Bedeutung
Pflichtfeld	Ein Datensatz kann nur gespeichert werden, wenn Pflichtfelder ausgefüllt worden sind.
Aktiv	Aktive Felder werden angezeigt, inaktive Felder werden verborgen, ohne dass die vorhandenen Daten verloren gehen.
Schnellmenü	Das Feld wird im Schnellmenü des jeweiligen Moduls angezeigt (siehe Kapitel 2.3.2).
kompakte Ansicht	Wenn Sie diese Checkbox markieren, wird das Feld Teil der kompakten Detailansicht, wie in Abbildung 2-9 zu sehen. Achten Sie darauf, dass Sie nicht zu viele Felder für dieses Menü aktivieren um den verfügbaren Platz auf dem Bildschirm nicht zu überschreiten.

Eigenschaft	Bedeutung
Massenbearbeitung	Hiermit lassen Sie ein Feld für die Massenbearbeitung zu. Nur in Ausnahmefällen sollte man das für Multi-Auswahllisten tun, da das CRM unterschiedliche Inhalte nicht berücksichtigt.
Standardwert	Hier lässt sich ein Standardinhalt eines Feldes festlegen, welches beim Erstellen eines neuen Datensatzes verwendet wird. Das sollte vor allem für Auswahllisten genutzt werden, um immer einen definierten Inhalt verfügbar zu haben.

Das CRM hat s.g. Standardfelder, welche Sie nicht ändern oder löschen können. Das sind alle die Felder, die Sie nicht selbst angelegt haben. Sollten Sie so ein Feld nicht benötigen, so müssen Sie das inaktiv schalten und somit aus der Anzeige in den Datenmenüs entfernen.

5.3.1.1 Benutzerdefinierte Blöcke

Alle CRM Informationen werden bei einer Anzeige in sogenannte Blöcke zusammengefasst. Jeder Block repräsentiert eine Informationseinheit. Der Inhalt eines Blocks ist konfigurierbar. Sie können zusätzliche benutzerdefinierte Blöcke zu Ihrem CRM hinzufügen. Ein Block hat keinerlei funktionale Bedeutung sondern dient ausschließlich der besseren Strukturierung der Darstellungen im Browser und soll die Bedienung erleichtern. In der Abbildung 5-16 sind das z.B. die Blöcke *Organisationsdetails* und *weitere Informationen*.

Um einen neuen Block hinzuzufügen, klicken Sie **[erstelle benutzerdefinierten Block]**. In dem sich öffnenden Fenster geben Sie dem neuen Block einen Namen und einen Platz in Bezug auf die existierenden Blöcke.

Einen einmal erstellten Block können Sie nicht mehr umbenennen. Sie können jedoch benutzerdefinierte Blöcke wieder löschen und ggf. neu legen. Zum Löschen, müssen Sie aus dem Block vorher alle Felder entfernen.

5.3.1.2 Benutzerdefinierte Felder

Wenn Sie neue Felder benötigen, müssen Sie sich sogfältig darüber Gedanken machen, was für ein Feld Sie benötigen. Das CRM stellt Ihnen s.g. Feldtypen bereit, die bestimmte Eigenschaften haben, welche in der nachfolgenden Tabelle beschrieben sind.

Tabelle 5-10: Übersicht der Feldtypen

Feldtypen	Erklärung
Text	**Länge:** Geben Sie die maximale Anzahl von Zeichen an. Z.B. „10" für ein zehn Zeichen langes Eingabefeld. Die maximale Anzahl ist 255. Wenn Sie mehr Platz brauchen, verwenden Sie den Textbereich.
Zahl	**Länge**: Geben Sie die maximale Anzahl von Stellen an. Z.B. „10" für zehn Stellen **Dezimalstellen**: Geben Sie die Anzahl der Dezimalstellen an, die Sie für das Zahlenformat haben wollen, z.B. „0" bedeutet ohne Dezimalstellen, „1" erzeugt eine Dezimalstelle, wie z.B. 55.4 usw.

Feldtypen	Erklärung
Prozent	**Länge**: Geben Sie die maximale Anzahl von Stellen an. Z.B. „10" für zehn Stellen **Dezimalstellen**: Geben Sie die Anzahl der Dezimalstellen an, die Sie für das Zahlenformat haben wollen, z.B. „0" bedeutet ohne Dezimalstellen, „2" erzeugt zwei Dezimalstellen, wie z.B. 55.41 usw.
Währung	Die Angaben sind identisch zu den Angaben einer Zahl. Für die Anzeige im CRM wird dem Feldnamen in Klammern noch die Währung hinzugefügt. Wenn Sie das CRM mit mehreren Währungen nutzen wollen, beachten Sie bitte, dass das CRM die Währungsumrechnung selbst vornimmt. Damit es keine Rundungsfehler bei der Umrechnung gibt, müssen Sie 3 Stellen nach dem Komma angeben.
Datum	Geben Sie dem Feld einen Namen. Das Datumsformat richtet sich nach den individuellen Nutzereinstellungen (Menü: **Meine Einstellungen**).
E-Mail	Geben Sie dem Feld einen Namen. Eingaben für dieses Feld werden im CRM auf die Gültigkeit einer E-Mail Adresse geprüft.
Telefon	Geben Sie dem Feld einen Namen. Es findet keine Typprüfung bei Dateneingaben statt.
Auswahlliste (DropDown)	Sie können eine Liste erzeugen, indem Sie für jeden Begriff eine neue Zeile benutzen. Eine Auswahlliste wird im CRM immer wie ein Pflichtfeld verwendet. D.h. es gibt immer einen Eintrag zu einem Datensatz. Folglich ist es sinnvoll, als ersten Eintrag in eine Auswahlliste immer -- ohne— einzutragen, um eine bewusste Entscheidung eines Nutzers für einen Auswahllistenfeld zu veranlassen.
URL	Geben Sie dem Feld einen Namen. Eingaben für dieses Feld erfolgen ohne den Zusatz http://.
Checkbox	Geben Sie dem Feld einen Namen. Eine Checkbox dient für Ja/Nein Entscheidungen.
Text Bereich	Geben Sie dem Feld einen Namen. Ein solches Feld hat eine unbegrenzte Länge.
Multi-Auswahl Box	Sie können eine Liste erzeugen, indem Sie für jeden Begriff eine neue Zeile benutzen. Im Unterschied zu der Auswahlliste, können dann im Menü mehrere Einträge gleichzeitig ausgewählt werden.
Skype	Sie können dieses Feld benutzen, um das CRM System mit der Skype Anwendung zu verbinden, die auf Ihrem Computer installiert wurde und läuft. Mehr Informationen über Skype finden Sie unter http://www.skype.com. Geben Sie dem Feld hier einen Namen. Sie können dann in dem entsprechenden CRM Modul in dieses Feld eine Skype ID oder eine Telefonnummer eintragen.
Zeit	Mit diesem Feld können Sie eine Uhrzeit erfassen. Geben Sie dem Feld einen Namen.

Die Entscheidung darüber, welcher Feldtyp für Ihr Vorhaben richtig ist, ist nicht immer einfach und sollte gut überlegt sein. Einmal festgelegt, lässt sich ein Feldtyp hinterher nicht mehr ändern.

Angenommen Sie benötigen ein Feld zur Erfassung von besonderen Interessen. Dazu könnten Sie ein Textfeld oder Textbereich, eine Auswahlliste oder eine Multi-Auswahlliste anlegen.

Bei den Textfeldern hätten Sie den Vorteil, dass durch die CRM Nutzer beliebige Einträge vorgenommen werden können. Das ist aber wiederum ein Nachteil, wenn Sie in der Zukunft vor haben, dieses Feld für die Filterbedingungen in benutzerdefinierten Listen verwenden wollen, da kaum zu erwarten ist, dass jeder Nutzer die gleichen Schreibweisen verwendet.

Bei den Auswahllisten ist es genau umgekehrt. Sie legen die Inhalte fest und reduzieren damit die Eingabemöglichkeiten, können dann aber elegant nach den Inhalten filtern. Grade diese Filtermöglichkeit kann bei vielen Daten wichtig sein und es hat sich darum in der Praxis bewährt, immer dann den Typ Auswahlliste zu bevorzugen, wann immer das möglich ist.

Klicken Sie auf [benutzerdefiniertes Feld hinzufügen] um ein neues Feld anzulegen. Das daraufhin angebotene Dialogmenü ist in der Abbildung 5-17 dargestellt.

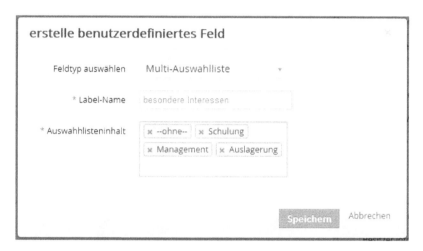

Abbildung 5-17: benutzerdefiniertes Feld erstellen

Die Auswahllisteninhalte in der Abbildung erstellen Sie indem Sie in das leere Feld klicken, einen Eintrag eingeben und dann [Enter] klicken. Wenn Ihre Feldangaben komplett sind, klicken Sie [Speichern] um das Feld im CRM anzulegen. Danach steht Ihnen das Feld in allen Datenansichten sofort zur Verfügung. Den Inhalt der Auswahllisten können Sie später noch im Menü des Auswahllisteneditors, siehe Kapitel 5.3.2, ändern.

Benutzerdefinierte Felder für Leads

Benutzerdefinierte Felder für Leads bedürfen einer besonderen Beachtung. Sie können entscheiden, was mit dem Inhalt dieser Felder bei der Umwandlung eines Leads in ein Verkaufspotential passieren soll. Sie können die Informationen löschen oder in entsprechende Felder unter Verkaufspotentiale, Organisationen oder Personen weiter zur Verfügung haben.

Sie sollten die folgende Prozedur verfolgen, um die in den Lead Feldern vorhandenen Informationen bei der Leadumwandlung zu übertragen:

1. Erstellen Sie benutzerdefinierte Felder in Verkaufspotentiale, Organisationen oder Personen, die in Referenz zu den benutzerdefinierten Feldern in Leads stehen sollen. Z.B. wenn Sie in Leads ein Textfeld „Bankkonto" definiert haben, könnten Sie in Organisationen ein Feld „Kontonummer" erzeugen. Es wird empfohlen, immer eine andere Feldbezeichnung zu verwenden.

2. Öffnen Sie das Lead Modul im **[Modulmanager]**. Verbinden Sie die Felder, wie im Kapitel 5.3.5 beschrieben.

Das Format, die Größe und der Inhalt der benutzerdefinierten Felder in Leads und das in Verkaufspotentialen, Organisationen oder Personen muss absolut identisch sein!
Nachdem Sie Ihre Zuordnungen definiert haben, werden die entsprechenden Felder bei einer Leadumwandlung, wie im Kapitel 4.2.1 erklärt, berücksichtigt.

5.3.2 Auswahllisten Editor

Auswahllisten werden Ihnen vom CRM System in zahlreichen Bearbeitungsansichten zur Verfügung gestellt.
Der Inhalt dieser Auswahllisten kann von Ihnen frei definiert werden, bezieht sich aber jeweilig auf die einzelnen Rollen der Nutzer. D.h. Sie haben die Option verschiedenen Nutzern unterschiedliche Auswahllisteninhalte zur Verfügung zu stellen. Wenn Sie damit dem Rollenkonzept noch nicht vertraut sind, sollte Sie jedoch darauf verzichten und erst mal allen Nutzern die gleichen Inhalte anbieten. Man kann das später nochmal ändern.

Einige Einträge in den Auswahllisten können Sie nicht verändern. Diese werden bei der Systemeinrichtung bestimmt und sind in den Editor-Menüs besonders gekennzeichnet. Bitte wenden Sie sich an Ihren CRM Dienstleister, wenn diese Einträge verändert werden müssen.

Klicken Sie auf das **Auswahllisten Editor** Menü um eine Übersicht der Auswahllisten in allen CRM Modulen zu bekommen. In der Abbildung 5-18 werden beispielhaft die Auswahlliste Typ des Verkaufspotentialmenüs gezeigt.

Auswahllisten Editor

wähle Modul	Verkaufspotentiale ▼
wähle Auswahlliste in Verkaufspotentiale	Typ ▼

Alle Auswahllisteneinträge | Rollenzuordnung der Einträge

Typ Einträge	Auswahllisteneintrag zuweisen	
:: existierendes Geschäft	Auswahllisteneintrag hinzufügen	➊ Auswahllisteneintrag mit der Maus und Drag/Drop anordnen
:: neues Geschäft	Auswahllisteneintrag umbenennen	zum Löchen oder Umbenennen einen Eintrag markieren
	Auswahllisteneintrag löschen	um mehrere Einträge zum Löschen zu markieren benutzen Sie die Strg Taste
	Reihenfolge speichern	

Abbildung 5-18: Studio - Auswahllisten Editor

Um den Inhalt einer Auswahlliste zu verändern, wählen Sie zuerst das Modul und dann den Namen der Auswahlliste. Danach werden Ihnen unter dem Tab **[Alle Auswahllisteneinträge]** die Einträge in der Liste gezeigt. Die nachfolgende Tabelle erklärt die zur Verfügung gestellten Funktionen.

Tabelle 5-11: Auswahllisten Editor Funktionen

Button	Funktion
Auswahllisteneintrag zuweisen	Mit diesem Button können Sie Auswahllisteneinträge einzelnen Rollen zuweisen.
Auswahllisteneintrag hinzufügen	Über diesen Button können Sie neue Auswahllisteneinträge erstellen. Dabei müssen Sie angeben, für welche Rollen der neue Eintrag gültig sein soll.
Auswahllisteneintrag umbenennen	Wenn Sie einen Eintrag umbenennen wollen, wird über diesen Button auch veranlasst, dass die Einträge in zu den vorhandenen Daten umbenannt werden.
Auswahllisteneintrag löschen	Das Löschen eines Eintrages ist in Wirklichkeit ein Ersetzen. Beim Löschen werden die vorhandenen Daten durchsucht und ggf. vorhandene Einträge durch den zu ersetzenden Eintrag aktualisiert.
Reihenfolge speichern	Die Reihenfolge der Einträge in einer Auswahlliste lässt sich mit Drag/Drop verändern. Mit diesem Button speichern Sie diese Reihenfolge.

Unter dem Tab **[Rollenzuordnung der Einträge]** werden die aktuellen Auswahllisteninhalte pro Rolle angezeigt und können dort ggf. auch geändert werden.

Die in der Detail- oder Bearbeitungsansicht eines Eintrages in einem CRM Modul bereitgestellten Auswahllisteninhalte werden in der Reihenfolge dargestellt, die Sie im Layout Editor festlegen. Erscheint bei den Daten die Anzeige „Ansicht gesperrt", so gibt es für den in dem CRM gespeicherten Inhalt für die Rolle des jeweiligen Nutzers keinen Auswahllisteneintrag. Sie müssen dann zum Auswahllisteneditor gehen und dort zu der entsprechenden Rolle den fehlenden Auswahllisteneintrag hinzufügen.

5.3.3 Verkettete Auswahllisten

Vorhandene oder im Auswahllisteneditor erstellt Auswahllisten sind einstufig. D.h. Sie können im Menü en Feldinhalt aus den angezeigten Inhalten auswählen.

Mit Hilfe der verketteten Auswahllisten können Sie zu einer existierenden Auswahlliste eine Abhängigkeit zu einer anderen Auswahlliste hinzufügen und somit die Auswahlliste mehrstufig machen. D.h., wenn der Inhalt einer Auswahlliste geändert wird, ändert sich auch der Inhalt der abhängigen bzw. verketteten Auswahlliste.

Die nachfolgende Beschreibung erklärt das an einem Beispiel. Wir wollen nun, dass in der Auswahlliste von Produkten nur die Produkte angezeigt werden, die zu dem jeweiligen Produkttyp gehören. Also z.B. Apfel, Pflaume und Birne zu Obst, Kartoffeln, Kohl und Erbsen zu Gemüse und Verpackungskisten zu Anderes.

Nehmen wir an, wir haben mit Hilfe des Modulmanagers zu den Organisationen zwei benutzerdefinierte Auswahllisten hinzugefügt:

Name	Inhalt
Produkttyp	--ohne--
	Obst
	Gemüse
	Anderes

Name	Inhalt
Produkte	--ohne--
	Kartoffeln
	Kohl
	Erbsen
	Äpfel
	Pflaumen
	Birnen
	Verpackungskisten

Nun geht man wie folgt vor:

Gehen Sie zu dem Menü **Verkettete Auswahllisten**, wie in der Abbildung 5-19 gezeigt.

Abbildung 5-19: Verkettete Auswahllisten - Listenansicht

Wählen Sie das Modul **Organisationen** und klicken Sie auf den Button **[Neue Auswahllistenverkettung]** um in die Bearbeitungsansicht zu kommen.
In dieser Ansicht müssen Sie die Abhängigkeit definieren.

Das Bearbeitungsmenü, wie in Abbildung 5-20 gezeigt, gibt Ihnen die Möglichkeit festzulegen, welche Feldinhalte in der Auswahlliste des Zielfeldes zu sehen sein sollen, wenn in der Auswahlliste des Quellfeldes eine Auswahl getroffen wird.
Mit Hilfe des Quellfeldes steuern Sie also die Anzeige in der Auswahlliste des Zielfeldes. In unserem Beispiel wird also durch den Produkttyp die Anzeige bei den Produkten gesteuert.

verkettete Auswahllisten

Modul   Organisationen   ▾

Quellfeld   Produkttyp   ▾   Zielfeld   Produkt   ▾

ⓘ Klicken Sie in der unten stehenden Tabelle eine Zelle um die Verkettung zu ändern. Mehr..

> Quellwert auswählen

Produkttyp	--ohne--	Obst	Gemüse	Anderes
	✔ --ohne--	--ohne--	--ohne--	--ohne--
Produkt	Kartoffeln	Kartoffeln	✔ Kartoffeln	Kartoffeln
	Kohl	Kohl	✔ Kohl	Kohl
	Erbsen	Erbsen	✔ Erbsen	Erbsen
	Äpfel	✔ Äpfel	Äpfel	Äpfel
	Pflaumen	✔ Pflaumen	Pflaumen	Pflaumen
	Birnen	✔ Birnen	Birnen	Birnen
	Verpackungskisten	Verpackungskisten	Verpackungskisten	✔ Verpackungskisten

> Speichern   Abbrechen

Abbildung 5-20: Verkettete Auswahllisten – Bearbeitungsansicht zur Feldselektion

Als Spaltenüberschrift sehen Sie die Auswahllisteninhalte aus dem Quellfeld. Es empfiehlt sich Spaltenweise vorzugehen und alle Felder, die man in Bezug auf die Überschrift nicht in der verketteten Auswahlliste sehen will, durch einen Klick auf das betreffende Feld abzuwählen. In der Abbildung sehen Sie z.B. dass es zum Produkttyp *--ohne--* nur den Eintrag *--ohne--* für Produkte geben soll.

Mit Hilfe des Buttons **[Quellwerte auswählen]** rufen Sie ein weiteres Menü auf, mit dem Sie Inhalte des Quellfeldes von einer Steuerung des Zielfeldes ausschließen können indem Sie den Haken aus der Checkbox entfernen.

Sie können mit einem Quellfeld auch den Inhalt mehrere Zielfelder steuern. Erstellen Sie dazu eine neue Verkettung.

5.3.4 Menü Editor

Sie können obere Navigationsleiste des CRM's ändern, so dass dort der direkte Zugang zu den Menüs zu sehen ist, welche in Ihrem Unternehmen am häufigsten benutzt werden.
Wie in Abbildung 5-21 zu sehen, zeigt Ihnen der Menü Editor eine Liste der angezeigten Menüs im Navigationsbereich. Wenn Sie auf das Eingabefeld klicken, sehen Sie die Liste der Module, die in Ihrem CRM für die Navigation zur Verfügung stehen. Sie können andere Module auswählen und auch die Reihenfolge in der Anzeige bestimmen. Wenn der Platz auf Ihrem Bildschirm ausreicht, werden die ersten 10 Einträge in der rechten Liste werden direkt angezeigt. Ab dem 11. Eintrag werden die Menüs im **[mehr]** Menü angezeigt.

Menü Editor

Abbildung 5-21: Menü Editor - Bearbeitungsansicht

5.3.5 Modulmanager

Mit Hilfe des Modulmanagers können Sie entscheiden, welche CRM Module unternehmensweit zur Verfügung stehen. Weitere individuelle Einschränkungen würden dann über Profile gemacht werden.

In dem Menü, wie in Abbildung 5-22 ausschnittsweise gezeigt, sehen Sie eine Liste der CRM Module, die im CRM zur Verfügung stehen.

Modulmanagement

-- snip

Abbildung 5-22: Modulmanager Menü

In der Ansicht des Modulmanagers können Sie mit Hilfe der Checkboxen einzelne CRM Module für die Nutzung im CRM ausschließen.
Wie in der Abbildung zusehen, erreicht man eine Auswahlliste **[Einstellungen]** wenn man die Maus über ein Modul platziert. Darüber erreicht man dann andere Einstellungsmenüs, die in diesem Handbuch in den entsprechenden Kapiteln erläutert sind.

Eine Besonderheit gibt es für das Modul Leads. Das CRM erlaubt Ihnen zu entscheiden, was mit den Leadfeldern geschieht, wenn Sie einen Lead in ein Verkaufspotential umwandeln. Sie können entscheiden, ob die Informationen gelöscht werden sollen oder an entsprechende Felder bei Personen, Organisationen oder/und Verkaufspotentialen übergeben werden sollen. Klicken Sie dazu unter Einstellungen **[Feldzuordnungen bearbeiten]**. Folgen Sie den Anweisungen aus dem nächsten Kapitel.

5.3.5.1 Lead Feldzuordnungen bearbeiten

Das Modul zur Einstellung der Zuordnung von Lead Feldern zu Personen, Organisationen und/oder Potentialen ist nur über den Modulmanager und dem Lead Modul zu erreichen.

Die Detailansicht, siehe nachfolgende Abbildung 5-23, listet alle Lead Felder und Ihre Zuordnung zu den anderen Modulen.

Zuordnung von Lead Feldern   Bearbeiten

Feldlabel	Feldtyp	Ordnen Sie Lead Felder Organisationen, Personen und Potentialen zu		
Leads	Typ	Organisationen	Personen	Potentiale
Unternehmen	Textfeld	Organisationsname		Potentialname
Industrie	Auswahlliste	Branche		
primäres Telefon	Telefon	primäres Telefon	Telefon Büro	

--- snip

Abbildung 5-23: Lead Felder zuordnen - Detailansicht

Wie in der Abbildung zu sehen ist, wird z.B. der Inhalt des Feldes *primäres Telefon* aus Leads nach einer Leadumwandlung als Inhalt in den Feldern *primäres Telefon* bei Organisationen und *Telefon Büro* bei Personen zu finden sein.

In der Bearbeitungsansicht können Sie diese Zuordnungen ändern.

5.3.5.2 Modulexport und -import

Einige Module sind in der Übersicht der Modulmanagers mit einem ⊕ Icon gekennzeichnet. Diese Module können Sie als ZIP Datei exportieren und ggf. für andere CRM System benutzen.

Gibt es in Ihrem Menü den Button **[Installiere aus ZIP Datei]**, so können Sie damit weitere CRM Module importieren.

5.4 Vorlagen

Kommunikationsvorlagen helfen Ihnen, mit dem CRM System effektiver zu arbeiten. Im CRM System können Sie Vorlagen für E-Mails und Dokumente hinterlegen, Benachrichtigungen bei besonderen Ereignissen definieren, Ihren Bestand managen oder Ihre Geschäftsbedingungen eingeben. In den folgenden Kapiteln werden die Details erläutert.

5.4.1 Unternehmensdetails

Wenn Sie das CRM benutzen, um PDF Ausgaben für Angebote, Rechnungen oder Bestellungen zu erzeugen, müssen Sie zuvor Ihre Unternehmensangaben im CRM ablegen.

Im Menü **Unternehmensdetails** können Sie über den **[Bearbeiten]** Button Ihre Angaben zu Ihrem Unternehmen erfassen.

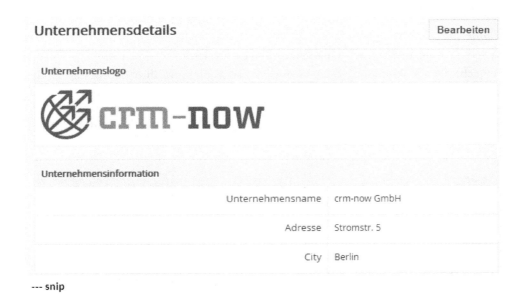

--- snip

Abbildung 5-24: Unternehmensinformation - Detailansicht

In der Abbildung 5-24 sehen Sie ein Beispiel.

5.5 Andere Einstellungen

Mit Hilfe der im Folgenden beschriebenen Konfigurationsfunktionen können Sie weitere Einstellungen vornehmen, die jeweils für alle CRM Nutzer gültig sind.

5.5.1 Bekanntgaben

Eine Bekanntmachung erscheint als Laufschrift im oberen Teil des CRM Systems, wie in der Abbildung 5-25 zu sehen ist.

Abbildung 5-25: Anzeige einer Bekanntgabe

Sie können eine Bekanntmachung im **Bekanntgaben** Menü verfassen, wie es in der Abbildung 5-26 dargestellt ist.

Abbildung 5-26: Bekanntgabe bearbeiten

Klicken Sie auf **[Speichern]**, um Ihre Bekanntmachung zu veröffentlichen. Sie sehen diese erst als Laufschrift, nachdem Sie das Einstellungsmenü verlassen haben.

5.5.2 E-Mail Server

Wenn Sie aus dem CRM E-Mails versenden oder automatische Benachrichtigungen aus dem CRM erhalten wollen, müssen Sie den Server für ausgehende E-Mails konfigurieren. Da es häufig vorkommen kann, dass Sie automatische Nachrichten aus dem CRM erhalten, ist die Einrichtung des SMTP Servers sehr zu empfehlen.

Alle CRM Nutzer senden Ihre E-Mails über diesen Server. Wenn ein Nutzer eine E-Mail versendet, wird die E-Mail Adresse, die in den individuellen Nutzereinstellungen angegeben wurde, automatisch als Absender verwendet.

Um die Zugangsdaten für den Server, wie in der Abbildung 5-27 für Postausgang Detailansicht dargestellt, zu erfassen, klicken Sie im **Mailserver** Menü auf den **[Bearbeiten]** Button. Die notwendigen Angaben erhalten Sie von Ihrem E-Mail Dienstanbieter. Stellen Sie sicher, dass dieser Mailserver aus dem Internet erreichbar ist, wenn Sie das CRM über das Internet benutzen wollen.

E-Mail Server Einstellungen   Bearbeiten

Mail Server Einstellungen (SMTP)

Server Name

Nutzername

Passwort

von E-Mail

Authentifikation erforderlich   nein

Abbildung 5-27: Mailserverkonfiguration

Der Mailserver muss mit dem s.g. SMTP Protokoll mit Ihrem CRM kommunizieren können.

In das Feld „E-Mail von" kann nur eine E-Mail Adresse eingetragen werden. Mit einem Eintrag in dieses Feld initialisieren Sie eine spezielle Funktion: Wenn Sie eine E-Mail aus dem CRM versenden, so wird normalerweise automatisch die E-Mail Adresse als Absender beigefügt, die Sie bei dem entsprechenden CRM Nutzer in seinen Stammdaten hinterlegt haben. Wenn Sie jedoch wollen, dass alle E-Mails aus dem CRM die gleiche Antwortadresse haben, so füllen Sie dieses Feld mit der für alle E-Mails dann gültigen Absenderadresse aus. In der Regel wird das nicht notwendig sein. Prüfen Sie auch, ob Ihr E-Mail Server Lieferant so etwas zulässt.

5.5.3 Geschäftsbedingungen

Sie können eine Formulierung zu Ihren Allgemeinen Geschäftsbedingungen im CRM ablegen. So ist es z.B. sinnvoll zu jedem Angebot oder Rechnung „Es gelten unsere Allgemeinen Geschäftsbedingungen" hinzuzufügen. Diese Information wird dann automatisch in die entsprechende PDF Ausgabe übernommen.

Geschäftsbedingungen

> Es gelten unsere allgemeinen Geschäftsbedingungen.

[**Speichern**]

Abbildung 5-28: Geschäftsbedingungen - Detailansicht

Gehen Sie zu dem **Geschäftsbedingungen** Menü, um das Eingabefenster zu öffnen, welches in der Abbildung 5-28 gezeigt wird. Geben Sie Ihre Angaben ein und klicken Sie auf **[Speichern]**.

5.5.4 Währungseinstellungen

Klicken Sie auf das Menü **Währungseinstellungen** um die Währungen zu definieren, die Sie im CRM System benutzen wollen. Durch Klicken auf den **[Währung hinzufügen]** Button, wie in der Abbildung 5-29 gezeigt, können Sie eine unbegrenzte Anzahl von Währungsarten hinzufügen.

Währung

+ Währung hinzufügen

Währungsname	Währungscode	Symbol	Umrechnungssatz	Status
Euro	EUR	€	1.00000	Active

Abbildung 5-29: Währungseinstellungen - Listenansicht

Für neue Währungen müssen Sie die nachfolgenden Informationen im CRM erfassen, siehe nachfolgende Abbildung 5-30.

Tabelle 5-12: Angaben zu Währungen

Feldname	Bedeutung
Währungsname:	Wählen Sie die benötigte Währung. In der Liste sind alle wichtigsten Währungen enthalten. Ihr CRM Betreiber kann bei Bedarf weitere Währungen hinzufügen.
Währungscode:	Hier wird Ihnen der passende ISO Währungscode angezeigt.
Symbol:	Hier wird Ihnen das Währungssymbol angezeigt, wie es für alle Ausgaben im CRM genutzt wird.
Umrechnungsrate:	Hier müssen Sie die Umrechnungsrate bezogen auf Ihre Standardwährung, in den meisten Fällen EUR, eingeben.
Status:	Sie können eine Währung aktiv oder inaktiv schalten. Inaktive Währungen können im CRM nicht genutzt und keinem CRM Nutzer zugeordnet werden.

Währung hinzufügen

* Währungsname USA, Dollars ($)

* Währungscode USD

* Symbol $

* Umrechnungssatz 1.35
(Basiswährung - Euro)

Status ☑ Checkbox markieren um die Währung zu aktivieren

Speichern Abbrechen

Abbildung 5-30: Währung – Bearbeitungsansicht

Jedem Nutzer kann nur eine Währung zugewiesen werden, aber für Angebote, Bestellungen oder Rechnungen kann jeder Nutzer mehrere Währungen verwenden..

5.5.5 Anpassen der Nummerierung

Im CRM können Sie für alle Datensätze ein eigenes Nummerierungsformat definieren. Das ist z.B. sinnvoll, wenn Ihre Buchhaltung ein spezielles Schema für die Nummerierung von Kunden oder Rechnungen hat. Gehen Sie dazu auf das Menü **Anpassen der Nummerierung**, wie in Abbildung 5-31 dargestellt.

Anpassen der Nummerierung

Anpassen der Nummerierung **fehlende Datensatznummern aktualisieren**

wähle Modul Potentiale

Präfix benutzen POT

Start Sequenz* 1

Speichern Abbrechen

Abbildung 5-31: Nummerierung anpassen

Wählen Sie zuerst das CRM Modul für welches Sie die Nummerierung anpassen wollen. Geben Sie danach als Bezeichnung den Präfix und eine laufende Nummer ein. Für den Fall, dass es Datensätze gibt, die noch keine Nummer haben, können Sie diese aktualisieren. Das ist z.B. notwendig, wenn Ihr CRM von einer älteren Softwareversion umgestellt wurde. Klicken Sie auf **[Speichern]** um das neue Nummerierungsschema zu aktivieren.

5.5.6 Steuereinstellungen

Wie in der Abbildung 5-32 zu sehen, kann das CRM System Steuern berücksichtigen, wenn Preise für Angebote, Bestellungen oder Rechnungen kalkuliert werden.

Alle Preisberechnungen im CRM auf der Basis von Netto Beträgen gemacht. Bei einer netto basierten Berechnung, wird die anzuwendende Steuer (z.B. MwSt.) durch das CRM selbst berechnet und zu dem Preis eines Produktes oder einer Dienstleistung hinzugerechnet.

Steuerberechnungen

+ Erstelle Steuer			+ Erstelle Steuer		
Produkt- & Servicesteuern			**Steuern auf Versand**		
Steuername	Steuerwert	Status	Steuername	Steuerwert	Status
Mwst.	19.000%	☑	Mwst.	19.000%	☑
int. Steuer	0.000%	☐	Verpackungsabgabe	0.000%	☐
Sondersteuer	0.000%	☐	Versandaufwand	0.000%	☐

Abbildung 5-32: Einstellungen Steuern

Um die zu verwendenden Steuern festzulegen, klicken Sie auf das Bearbeitung-Icon, was erscheint, wenn Sie Ihre Maus über einen Eintrag platzieren. Das CRM System wird mit einer Reihe von vordefinierten Steuertypen bereitgestellt. Sie können diese nutzen, bearbeiten oder durch einen Klick auf die Checkbox deaktivieren. Zusätzlich können Sie Ihre eigenen Steuerarten definieren. Geben Sie die Steuern in Prozent (%) an. Klicken Sie auf den **[Speichern]** Button, um die Steuereinstellungen zum CRM System zu übertragen.

5.5.7 E-Mail Konverter

Mit Hilfe des der Mail Konverter Funktion können Sie eine oder mehrere bestimmte E-Mail Adressen automatisch durch das CRM abfragen. Wenn bestimmte Kriterien bei einer E-Mail erfüllt sind, können automatische Aktionen im CRM ausgeführt werden.

Wenn Sie z.B. eine bestimmte E-Mail Adresse für alle Supportanfragen haben, sollen alle einkommenden E-Mails ein Ticket im CRM erzeugen, wenn der Inhalt der E-Mail die Zeichenfolge '*brauche Hilfe zum Thema:*' hat. Sie können aber auch den Mail Konverter dazu benutzen um z.B. E-Mails die von Ihrer Webseite kommen, da sich jemand für Ihr Angebot interessiert, auszuwerten und ggf. eine Person im CRM auf Grundlage der übermittelten Daten zu erstellen.

Im Ergebnis eines Mail Scans haben Sie prinzipiell folgende Optionen:

- **Erstelle ein Trouble Ticket:** Der BETREFF der E-Mail wird der Titel des Tickets. Der E-MAIL INHALT wird die Beschreibung zum Ticket. Die VON E-Mail Adresse wird automatisch mit vorhandenen E-Mails Adressen zu Personen oder Organisationen verglichen. Wenn die E-Mail Adresse im CRM vorhanden ist, wird eine Referenz der entsprechenden Person oder Organisation zu dem Ticket mit angelegt.

- **Aktualisiere ein Trouble Ticket:** Der BETREFF der E-Mail wird der Titel des Tickets. Der E-MAIL INHALT wird die Beschreibung zum Ticket.

- Erstelle eine E-Mail zu einer Person unter Berücksichtigung der VON Angaben in der E-Mail.

- Erstelle eine E-Mail zu einer Person unter Berücksichtigung der AN Angaben in der E-Mail.

- Erstelle eine E-Mail zu einer Organisation unter Berücksichtigung der VON Angaben in der E-Mail.

- Erstelle eine E-Mail zu einer Organisation unter Berücksichtigung der AN Angaben in der E-Mail.

- eine E-Mail als gelesen, sobald diese von dem Konverter erfasst wurde.

Um den Mail Konverter einzurichten, öffnen Sie das **Mail Konverter** Menü. Sie müssen 3 Arbeitsschritte durchführen:

1. Verbindung zum Mailserver und der da vorhandenen Mail Box herstellen
2. Verzeichnisse in Ihrer Mailbox Auswählen
3. Regeln erstellen.

Zuerst öffnet sich ein Menü zur Bearbeitung der Serverangaben, wie in der Abbildung 5-33 dargestellt. Beachten Sie, dass Sie E-Mails nur mit dem IMAP (Internet Message Access Protocol) Protokoll abfragen können. Ihr Internet Service Provider kann Ihnen die entsprechenden Zugangsdaten geben.

Nähere Informationen zu dem Protokoll finden Sie z.B. online in der Wikipedia: http://de.wikipedia.org/wiki/Internet_Message_Access_Protocol.

Neue Mail Box hinzufügen

1 Mail Box Details	2 Verzeichnisse auswählen	3 Regel erstellen

* Scanner-Name	Mailbox für Support
* Server Name	<mein Servername>
* Nutzername	<mein Nutzername>
* Passwort	●●●●●●●●●●●●●●●
* Protokoll	○ IMAP2 ● IMAP4
* SSL Typ	● No TLS ○ TLS ○ SSL
* SSL Methode	○ SSL Zertifikat prüfen ● SSL Zertifikat nicht prüfen
* schau nach	ungelesen ▾
* nach Scan	gelesen ▾
* Status	☑
* Zeitzone	(GMT +1:00 hours) CET(Ce... ▾

weiter   Abbrechen

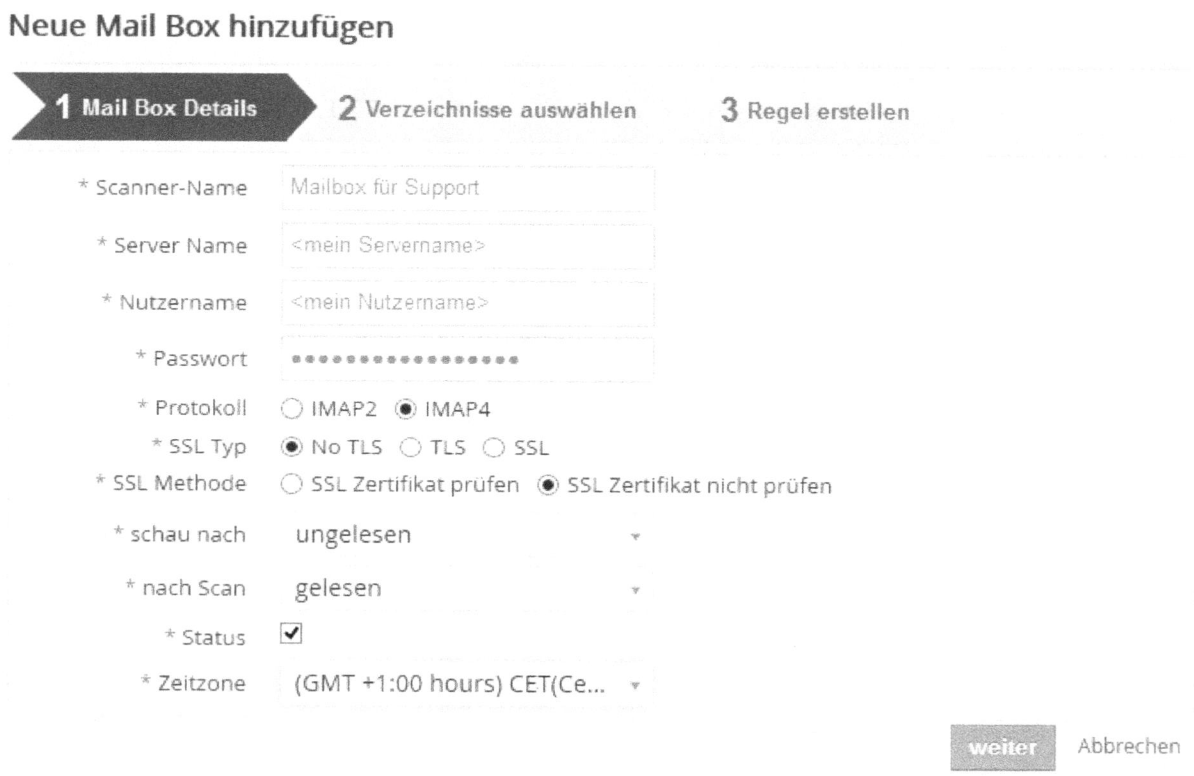

Abbildung 5-33: E-Mail Konverter Einrichtung

Geben Sie Ihre Zugangsdaten für den E-Mail Server ein. Standardmäßig ist der Status auf **sperren** gesetzt. Setzen Sie diesen auf **zulassen**, bevor Sie Ihre Angaben speichern.

Wenn Sie auf den **[Speichern]** Button klicken, prüft das CRM Ihre Serververbindung. Erhalten Sie eine Fehlermeldung, werden Ihre Angaben nicht gespeichert und Sie müssten diese entsprechend korrigieren. Wenn das CRM mit Ihrem Server kommunizieren kann, gelangen Sie zu dem Menü in welchem Sie die Mail Verzeichnisse auswählen können, wie in der Abbildung 5-34 zu sehen.

Abbildung 5-34: Durch Mail Konverter erkannte IMAP Verzeichnisse

Es werden Ihnen alle Verzeichnisse angezeigt, welche Sie auf Ihrem E-Mails Server durch das IMAP Protokoll erreichen können. Sie sollten alle Verzeichnisse, welche Sie nicht scannen wollen, über die entsprechende Checkbox abwählen.

Wenn Sie den **[weiter]** Button klicken, können Sie eine oder mehrere Regeln aufstellen um dem CRM anzuweisen, wie es mit den E-Mails umzugehen hat.

In der Abbildung 5-35 sehen Sie ein Beispiel. In dem Beispiel wird automatisch ein Ticket im CRM erzeugt, wenn im Betreff einer E-Mail der Text „brauche Hilfe zum Thema: „ auftaucht. Wenn Sie wollen, dass alle einkommenden E-Mails im CRM erfasst werden, brauchen Sie keine Bedingungen setzen.

Die Bedingungen können einfache Texte sein. Im Betreff können Sie jedoch auch sogenannte „Reguläre Ausdrücke" nutzen, die Sie verwenden können, wenn Sie Regex in der Auswahlliste auswählen. Reguläre Ausdrücke stellen eine Art Filterkriterium für Texte dar, indem der jeweilige reguläre Ausdruck in Form eines Musters mit dem Text in der Betreffzeile einer E-Mail abgeglichen wird.

Reguläre Ausdrücke sind sehr leistungsfähig, aber leider nicht ganz einfach zu erstellen. Als Beispiel, finden Sie mit dem Regulärem Ausdruck **/\bweb\b/i** das Wort „web" in einem Text. Es würde den Rahmen dieses Handbuches sprengen, alle Möglichkeiten zu erklären. Für eine komplette Übersicht, können Sie z.B. auf folgender Webseite nachschlagen: http://de.wikipedia.org/wiki/Regul%C3%A4rer_Ausdruck

Wenn Sie Bedingungen setzen wollen, haben Sie die folgende Auswahl:

- **Von:** scanne den Text in dem VON Feld einer E-Mail nach einer Übereinstimmung mit der angegebenen Zeichenfolge

- **An:** scanne den Text in dem AN Feld einer E-Mail nach einer Übereinstimmung mit der angegebenen Zeichenfolge

- **Betreff:** scanne den Text in dem BETREFF Feld einer E-Mail nach einer Übereinstimmung mit der angegebenen Zeichenfolge, Sie können eine der folgenden Bedingungen setzen: beinhaltet, beinhaltet nicht, gleich zu, nicht gleich zu, beginnt mit, endet mit oder Regex

- **Inhalt:** scanne den Text in dem INHALT EINER E-MAIL Feld nach einer Übereinstimmung mit der angegebenen Zeichenfolge, Sie können eine der folgenden Bedingungen setzen: beinhaltet, beinhaltet nicht, gleich zu, nicht gleich zu, beginnt mit, endet mit

- **Übereinstimmung:** wenn Sie mehr als eine Bedingung gesetzt haben, können Sie auswählen, ob [alle Bedingungen] gleichzeitig zutreffen sollen, oder ob [jeder Bedingung] eine der Bedingungen ausreicht

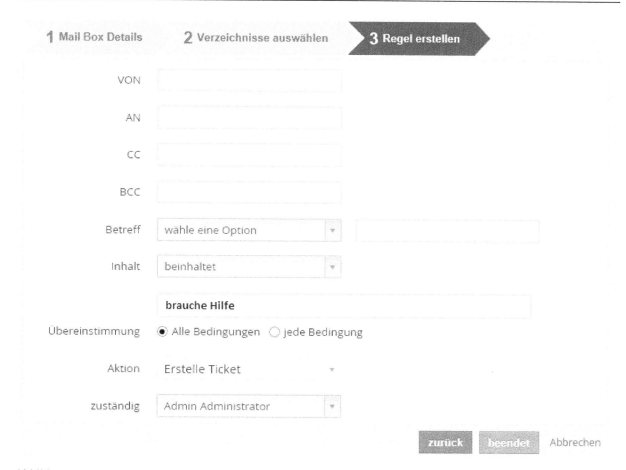

Abbildung 5-35: Mail Konverter Regelbeispiel

Klicken Sie **[Speichern]** um die Regel an das CRM zu übertragen.

Sie können eine oder mehrere Regeln aufstellen, siehe Abbildung 5-36. Wenn Sie mehrere Regeln aufstellen, ist es manchmal nötig die Reihenfolge Ihrer Ausführung beim Mail Scan zu beachten. Deshalb erlaubt Ihnen das CRM diese Reihenfolge durch Drag und Drop selbst festzulegen.

Das Beispiel in Abbildung 5-36 zeigt Ihnen, wie Sie Bedingungen setzen könnten, um Tickets im CRM automatisch zu erstellen oder existierende Tickets zu aktualisieren. . Diese Einstellungen gehen davon aus, dass jede E-Mail ausgewertet werden soll.

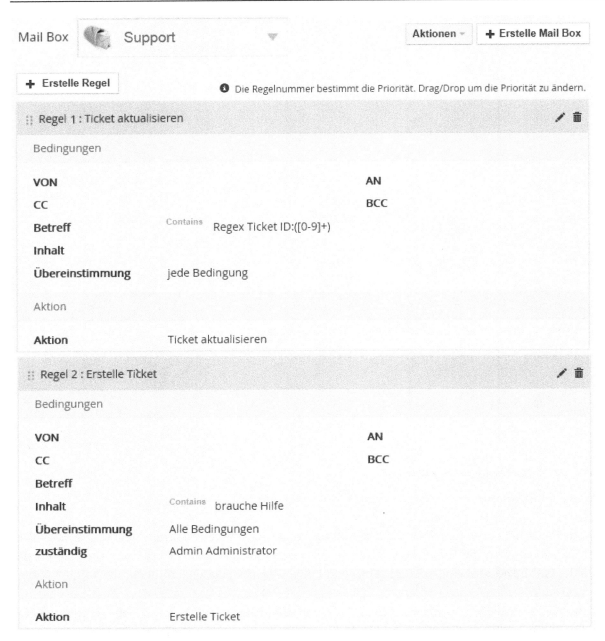

Abbildung 5-36: Mail Konverter Prioritäten

Zuerst wird geprüft, ob ein Ticket vorhanden ist, was aktualisiert werden muss. Wenn das nicht zutrifft, wird ein neues Ticket erstellt.

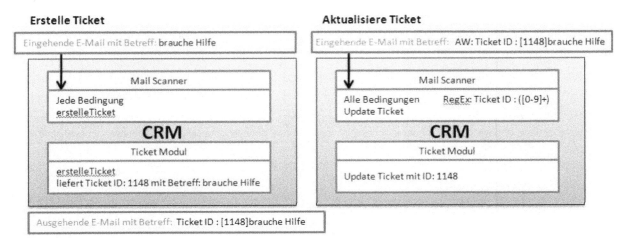

Abbildung 5-37: Mail Scan Workflow für Tickets

Die Aktualisierung von existierenden Tickets basiert auf den Ticket Nummern, welche im CRM automatisch für jedes Ticket vergeben werden. Diese Nummer sollte immer im Betreff von einer E-Mail stehen, damit diese dann vom CRM beim Scan erkannt werden kann. Der Ablauf ist in der Abbildung 5-37 dargestellt.

5.5.8 Liste der Workflows

Als Workflow wird im CRM eine Beschreibung von Operationen verstanden, welche vom CRM automatisch ausgeführt werden sollen, wenn bestimmte, von Ihnen gesetzte Bedingungen zutreffen. Die Operationen können als Ergebnis von folgenden zeitlichen Bedingungen ausgelöst werden:

- nur das erste Mal wenn ein CRM Eintrag gespeichert wird
- so lange bis die gesetzte Bedingung das erste Mal eintritt
- jedes Mal wenn ein CRM Eintrag gespeichert wird
- jedes Mal wenn ein CRM Eintrag verändert wird
- zu einer bestimmten Zeit

Im Folgenden wird die Einrichtung eines Workflows für Personen als Beispiel beschrieben. Die gleiche Vorgehensweise ist sinngemäß zu einem Workflow für andere Module anzuwenden. Eine Workflow-Einrichtung besteht aus drei Schritten:

Schritt 1: Workflow planen
Zur Erstellung eines neuen Workflows klicken Sie **[Erstelle Workflow]** in der Listenansicht des Moduls. In dem sich daraufhin öffnenden Menü, siehe nachfolgende Abbildung 5-38, wählen Sie das CRM Modul aus, für welches Sie einen Workflow erstellen wollen und geben dem Workflow einen Namen.

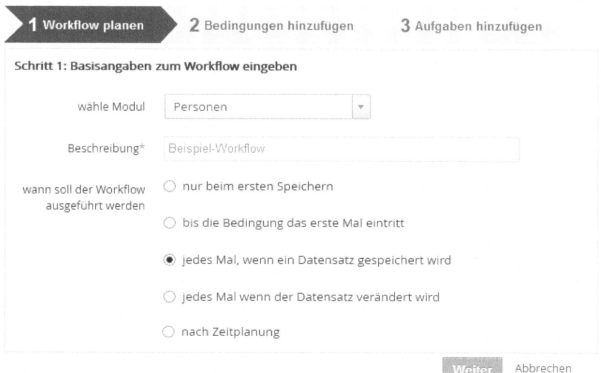

Abbildung 5-38: Workflow erstellen – Schritt 1

Danach müssen Sie festlegen, wann der Workflow ausgeführt werden soll. Das kann durch den Dateninhalt oder durch zeitliche Angaben gesteuert werden. Klicken Sie **[Weiter]**.

Schritt 2: Bedingungen zum Workflow hinzufügen

Im 2. Schritt legen Sie Bedingungen fest, unter denen ein Workflow ausgeführt werden soll. Im Prinzip setzen Sie Filter, wie Sie das bereits aus den benutzerdefinierten Listeansichten her kennen.

Jedoch haben Sie hier die Möglichkeit nicht nur einfache Vergleichsoperationen, wie z.B. *ist gleich*, *beinhaltet* oder *ist größer als*, mit vergebenen Werten durchzuführen. Vielmehr können Sie zusätzlich:

- Feldinhalte mit den Inhalten anderer Felder vergleichen
  Beispiel einer solchen Bedingung: wenn Rechnungsort ungleich zu Lieferort ist
- Feldinhalte mit Ergebnissen von Berechnungen vergleichen
  Beispiel einer solchen Bedingung: wenn 3 Tage seit Datensatzerstellung vergangen sind

Um eine Bedingung zu erstellen klicken Sie auf **[Filter erstellen]**, wie in der nachstehenden Abbildung 5-39 zu sehen.

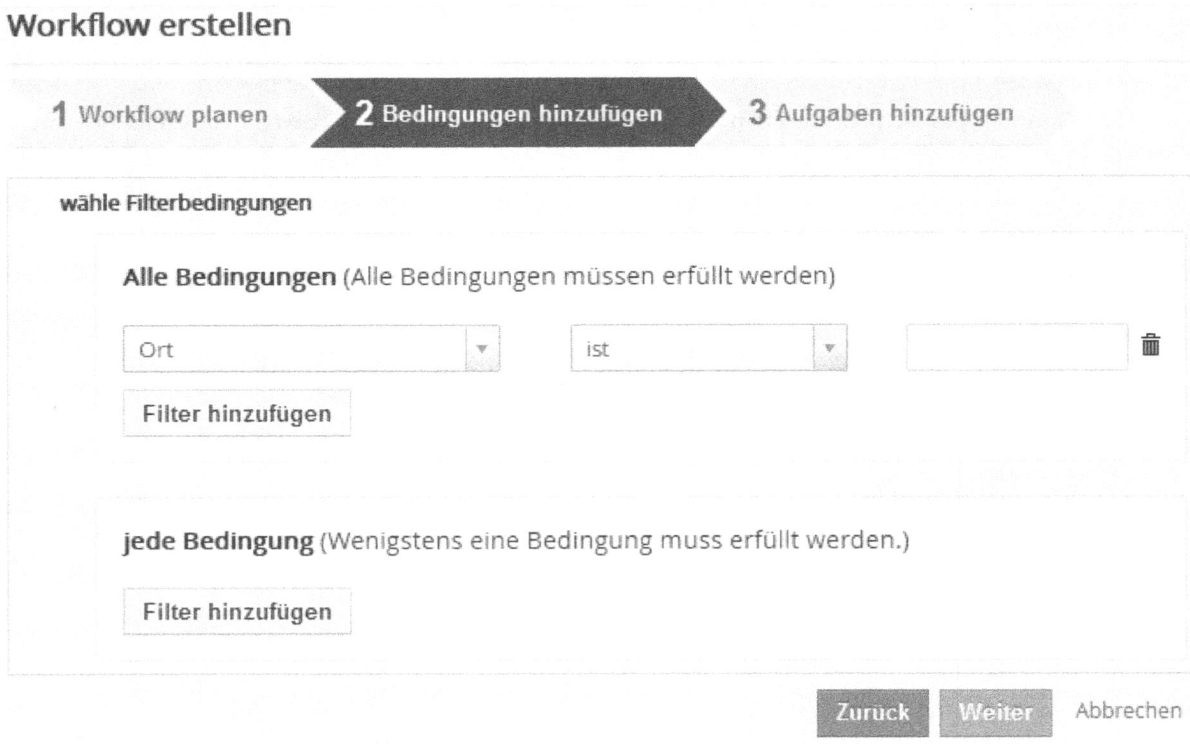

Abbildung 5-39: Workflow erstellen – Schritt 2

Wie auch schon aus den benutzerdefinierten Listen bekannt, finden Sie unter den Filterbedingungen in der ersten Spalte die Stammdatenfelder des jeweiligen Moduls. Zusätzlich sind noch die Angaben zu den Stammdaten der referenzierenden Felder vorhanden.

In der zweiten Spalte geben Sie eine Vergleichsbedingung an. Die zur Verfügung gestellte Auswahl ist vom Feldtyp abhängig.

Wenn Sie auf des Feld in der dritten Spalte klicken, öffnet sich ein weiteres Menü, wie in Abbildung 5-40 zu sehen.

In Abhängigkeit vom Feldtyp stehen Ihnen die Vergleichswerttypen Text, Feld und Ausdruck zur Verfügung, welche in der nachfolgenden Tabelle erläutert werden.

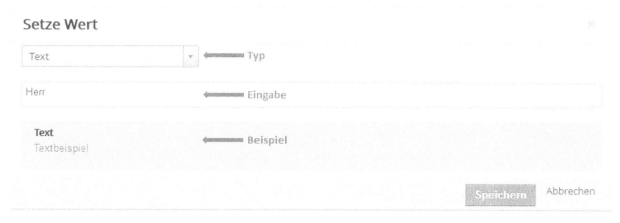

Abbildung 5-40:Workflow erstellen - Vergleichswert festlegen

Tabelle 5-13: Workflow erstellen - Vergleichswerttypen

Typ	Erläuterung
Text:	Hier können Sie einen beliebigen Text eingeben. Das ist der einfachste Vergleichstyp und es wird empfohlen, für einen Test der Logik damit zu beginnen. Es ergibt sich daraus z.B. ein Filter wie folgt: „Anrede" „ist" „Sehr geehrter Herr". Für spezielle Feldtypen, wie z.B. eine Checkbox werden Ihnen die zur Verfügung stehenden Möglichkeiten in einer Auswahlliste angeboten.
Feld:	Hier wird Ihnen ein anderes Feld zum Vergleich angeboten. Sie können damit also den Inhalt von verschiedenen Feldern vergleichen. Benutzerdefinierte Felder werden berücksichtigt. Als Wert wird Ihnen ein vom CRM intern verwendeter Feldnamen zurückgegeben. Es ergibt sich daraus z.B. ein Filter wie folgt: „Ort" „ist" „othercity"
Ausdruck:	Mit diesem Typ können Sie den Filter für ein Feld mit einer Formel verknüpfen. Wählen Sie zuerst das Feld aus. Danach werden Ihnen die für dieses Feld zur Verfügung gestellten Formeln in der zweiten Auswahlliste angezeigt. Neben diesen Standardformeln können Sie auch einfache Rechenoperationen nutzen. In der nachfolgenden Tabelle werden Ihnen die erläutert.

Achten Sie bei der Angabe von Textbedingungen auf deren Schreibweise, insbesondere auf die Unterscheidung von Groß- bzw. Kleinschreibung.

Tabelle 5-14: Workflow - Formeln für Ausdrücke

Formel	Erläuterung
Rechenoperation:	In jedem Ausdruck können Sie die folgenden Rechenoperationen für Zahlenfelder anwenden: / : Division * : Multiplikation + : Addition - : Subtraktion

Formel	Erläuterung
Bedingte Operationen:	Sie können in allen Typen bedingte Operationen mit If und Else Anweisungen steuern. Das Format sieht wie folgt aus: *if <Bedingung> then <Funktion> else <Funktion> end*
concat:	Concat ist die Kurzform von Concatenate, was so viel bedeutet wie verknüpfen. Es handelt sich also um eine String-Funktion um freien Text oder auch Felder aus einem Datensatz zu einem Ausdruck zu verbinden. Sie können damit z.B. mit der Formel concat(*firstname*,' ',*lastname*) die Felder für Vorname und Nachname zusammenfassen.
time_diffdays:	Diese Funktion ist ausschließlich auf Felder mit einem Datumsformat anwendbar. Sie erlaubt Ihnen die Differenz in Tagen zwischen zwei Datumsangaben zu berechnen. Sie können sowohl ein oder auch zwei Parameter angeben. Die Funktion *time_diffdays (support_end_date, support_start_date)* berechnet Ihnen z.B. die Anzahl der Tage, welche zwischen Anfang und Ende des Support Datums liegen. Die Funktion *time_diffdays (birthday)* berechnet Ihnen z.B. die Anzahl der Tage, die zwischen dem Geburtstag und dem heutigem Datum liegen.
time_diff:	Diese Funktion ist ebenfalls ausschließlich auf Felder mit einem Datumsformat anwendbar und funktioniert ähnlich wie die *time_diffdays* Funktion. Jedoch ist das Ergebnis keine Tage sondern die Zeitdifferenz in Sekunden.
add_days:	Diese Funktion ist ebenfalls ausschließlich auf Felder mit einem Datumsformat anwendbar. Sie hat das Format *add_days (startdate, 2)* wobei die Ausdrücker in den Klammern mit den gewünschten Parametern ersetzt werden müssen. Der erste Parameter ist das Datumsfeld und der 2. Parameter die Anzahl der Tage welche hinzuaddiert werden sollen. Als Ergebnis erhalten Sie ein neues Datum. Alternativ können Sie auch das Format *add_days (2)* verwenden. Als Ergebnis erhalten Sie ein Datum welches entsprechend der Anzahl der Tage in den Klammern im Vergleich zu dem heutigen Datum erhöht worden ist.
sub_days:	Diese Funktion ist ebenfalls ausschließlich auf Felder mit einem Datumsformat anwendbar. Sie hat das Format *sub_days (startdate, 2)* wobei die Ausdrücker in den Klammern mit den gewünschten Parametern ersetzt werden müssen. Der erste Parameter ist das Datumsfeld und der 2. Parameter die Anzahl der Tage welche subtrahiert werden sollen. Als Ergebnis erhalten Sie ein neues Datum. Alternativ können Sie auch das Format *sub_days (3)* verwenden. Als Ergebnis wird ein neues Datum berechnet, welches die Anzahl der Tage aus den Klammern vom heutigen Datum abzieht.

Klicken Sie auf **[Weiter]** um Ihre Workflow Einstellungen der Bedingungen an das CRM zu übertragen.

Schritt 3: auszuführende Aufgaben hinzufügen

Im letzten Schritt legen Sie fest, welche Aktion im CRM ausgeführt werden sollen, wenn ein Workflow ausgeführt wird und die gesetzten Bedingungen zutreffen. Die folgenden Aktionstypen sind möglich:

- **Sende E-Mail**: eine E-Mail wird automatisch vom CRM versendet, wenn alle Bedingungen zutreffen

- **Erstelle Aufgabe**: im CRM wird eine Aufgabe erstellt
- **Erstelle Ereignis:** im CRM wird ein Ereignis (Anruf, Meeting oder ein selbst erzeugter Ereignistyp) erstellt
- **Erstelle Datensatz:** im CRM wird ein neuer Datensatz für ausgewählte Module angelegt
- **Felder aktualisieren:** im CRM werden vorhandene Felder mit einem bestimmten Inhalt gefüllt
- **benutzerdefinierte Funktion aktivieren**: benutzerdefinierte Funktionen für Workflows sind komplexe Funktionen um im CRM bestimmte Aufgaben auszuführen. Sie können selbst keine weiteren benutzerdefinierte Funktionen über die Bedienoberfläche erstellen. Ggw. gibt es nur eine Funktion um die Versendung von Kundenportal Logindaten zu steuern, welche nur für das Modul Personen zur Verfügung gestellt wird.

Klicken Sie auf **[Aufgabe erstellen]** und wählen Sie einen Aktionstyp aus, wie in Abbildung 5-41 gezeigt. Sie müssen dem Ereignis eine Bezeichnung und einen Namen geben, den Status und den Typ auswählen und können noch zeitliche Bedingungen für die Ausführung hinzufügen.

Beachten Sie, dass sich alle Zeitangaben auf die Standardzeit des CRM's und nicht auf die individuellen Zeiteinstellungen für einzelne Benutzer beziehen.

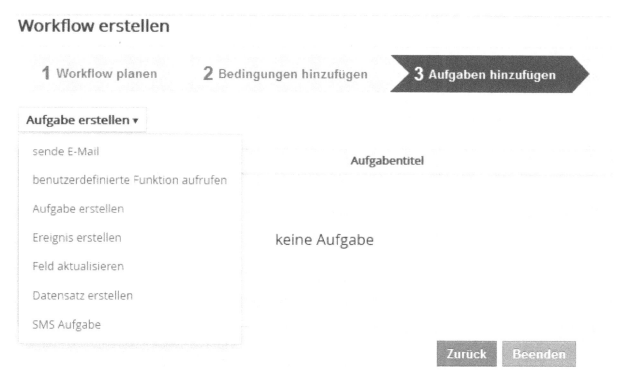

Abbildung 5-41: Workflow – Aufgabe erstellen

Manche Workflows werden nicht sofort ausgeführt. Das CRM prüft in regelmäßigen Abständen, ob Workflows auszuführen sind, erledigt das dann und führt die angegebenen Aufgaben automatisch aus. Wann und wie oft das getan wird, hängt von CRM Einstellungen ab, die sie im Zeitplaner Modul festgelegt haben.

5.5.9 Konfigurations-Editor

Ihr CRM System hat eine Reihe von Voreinstellungen, die durch die s.g. config.inc.php, einer bestimmten Datei in Ihrem CRM, bereitgestellt werden. In diesem Menü, siehe Abbildung 5-42, können Sie diese Voreinstellungen für alle CRM Nutzer komfortabel ändern ohne diese Datei manuell bearbeiten zu müssen.

Ändern Sie Einstellungen, so gelten diese für alle Nutzer. Ein Teil der Änderungen kann erst nach einem erneuten Login wirksam werden und so empfiehlt es sich für Testzwecke mit einem zweiten Browser zu arbeiten und dort die Einstellungen zu kontrollieren.

Wie nachfolgend noch erläutert, werden bestimmte Einstellungen auch nur dann wirksam, wenn Ihr CRM Server die dafür notwendigen Ressourcen bereitstellt.

Konfiguration Editor   Bearbeiten

Konfigurationswerte

Helpdesk Support E-Mail Adresse	ak@crm-now.de
Helpdesk Support Name	your-support name
Max. Upload Größe (Max. 5MB)	3 MB
Standardmodul	Startseite
Max. Textlänge in Listenansicht	40
Max. Zahl der Einträge pro Seite in Listenansicht	20

Abbildung 5-42: Konfigurations-Editor

Die Bedeutungen der einzelnen Eingaben sind in der nachfolgenden Tabelle erläutert. Bitte beachten Sie die zusätzlichen Hinweise für den Betrieb.

Menü	Erläuterung
Helpdesk Support E-Mail Adresse:	Absender E-Mail Adresse für automatische Nachrichten aus dem CRM.
Helpdesk Support Name:	Absender E-Mail Namen für automatische Nachrichten aus dem CRM.
Upload Größe:	Diese Angabe bezieht sich auf die maximale Dateigröße, welche Sie im CRM abspeichern wollen. Das wirkt sich z.B. für den Import von Dokumenten oder Anhängen von E-Mails aus Outlook aus. Die maximal mögliche Größe wird durch andere Servereinstellungen vorgegeben. Wenn Sie hier eine Angabe machen, welche die Möglichkeiten des Servers übersteigt, kommt es zu einer Fehlermeldung, wenn Sie entsprechend große Dokumente in das CRM zu laden versuchen. Es ist deshalb unbedingt notwendig, dass Sie diese Angabe mit Ihrem Serverbetreiber abstimmen.
Standardmodul:	Diese Angabe bestimmt das Modul, was direkt nach dem Login aufgerufen wird. Die Angabe gilt für alle CRM Nutzer. Da sich jeder Nutzer den Inhalt der Home Seite selbst zusammenstellen kann, ist das sicher die bevorzugte Einstellung in den meisten Fällen.
Textlänge in Listen:	Diese Zahl gibt vor, wie viele Zeichen aus einem Feldinhalt in einer Listenansicht angezeigt werden sollen. Die optimale Länge hängt von Ihren Daten ab und sollte ausprobiert werden.

Wie schon erwähnt, wirken sich Änderungen in diesem Menü auf alle Nutzer aus und müssen mit den Möglichkeiten Ihres Servers und den PC's der Nutzer abgestimmt sein. Vor Änderungen der Standardwerte ist also sorgfältig zu prüfen, was möglich ist.

5.5.10 Zeitplaner

Das CRM hat eine Reihe von automatischen Prozessen, welche durch s.g. Cron Jobs zeitlich gesteuert ausgeführt werden. Vorausgesetzt, dass Ihr CRM so installiert wurde, dass die in diesem Menü, siehe Abbildung 5-43, aufgeführten Aufgaben auch automatisch ausgeführt werden, haben Sie die Möglichkeit die Ausführung zu steuern.

Zeitplaner

Reihenfolge	Cron Job Bezeichnung	Frequenz (h:m)	Status	letzter Scan statete	letzter Scan endete
1	Workflow	00:15	aktiv		
2	wiederkehrende Rechnung	12:00	aktiv		
3	Erinnerung senden	00:15	aktiv		
5	Mail Scanner	00:15	aktiv		
6	geplante Importe	00:15	aktiv		
7	geplante Berichte	00:15	aktiv		

Abbildung 5-43: Zeitplaner - Listenansicht

In dem Menü sehen Sie alle planbaren automatische Prozesse und Sie können:

- die Häufigkeit der Durchführung (Frequenz) bestimmen
- automatische Prozesse ein und ausschalten
- sehen ob eine Cron Job aktiv ist und wann er zum letzten Mal ausgeführt wurde
- die Reihenfolge der Ausführung festlegen

Wenn Sie Ihre Maus über einen Eintrag platzieren, erscheint das Bearbeitungs-Icon auf der rechten Seite. Es ist in den meisten Fällen sinnvoll, sich an die empfohlene Werte für die Frequenz zu halten.
Die Cron Jobs werden in der angegebenen Reihenfolge ausgeführt. Durch Drag & Drop mit Ihrer Maus können Sie die Reihenfolge ändern. Das kann z.B. notwendig sein, wenn Sie in einem Workflow den Inhalt eines Feldes ändern, welches Sie dann für eine andere Aktion verwenden wollen.

5.5.11 Kundenportal

Das CRM bietet Ihnen mit dem Kundenportal eine Funktion, welche Ihre im CRM erfassten Personen einen begrenzten Zugang zu Daten aus dem CRM gewährt. Dieses Kundenportal ist eine Zusatzfunktion, die gegebenenfalls erst installiert werden muss und für die ein anderes Handbuch zur Verfügung gestellt wird.
Die Freigabe für das Kundenportal erfolgt im Menü Personen. Dort können Sie mit einer Checkbox eine Person freischalten. Mit dieser Freischaltung wird eine E-Mail mit den Zugangsdaten an die betreffende Person gesendet, wenn der entsprechende Cron Job, siehe Kapitel 5.5.10, aktiviert wurde. Dazu wird eine E-Mailvorlage genutzt, die Sie beliebig gestalten können. Sie finden diese E-Mail Vorlage bereit im **E-Mail Vorlagen** Menü.
In dem Menü **Kundenportal** können Sie einstellen, welche Informationen im Kundenportal bereitgestellt werden sollen. Die folgende Abbildung zeigt Ihnen das Menü.

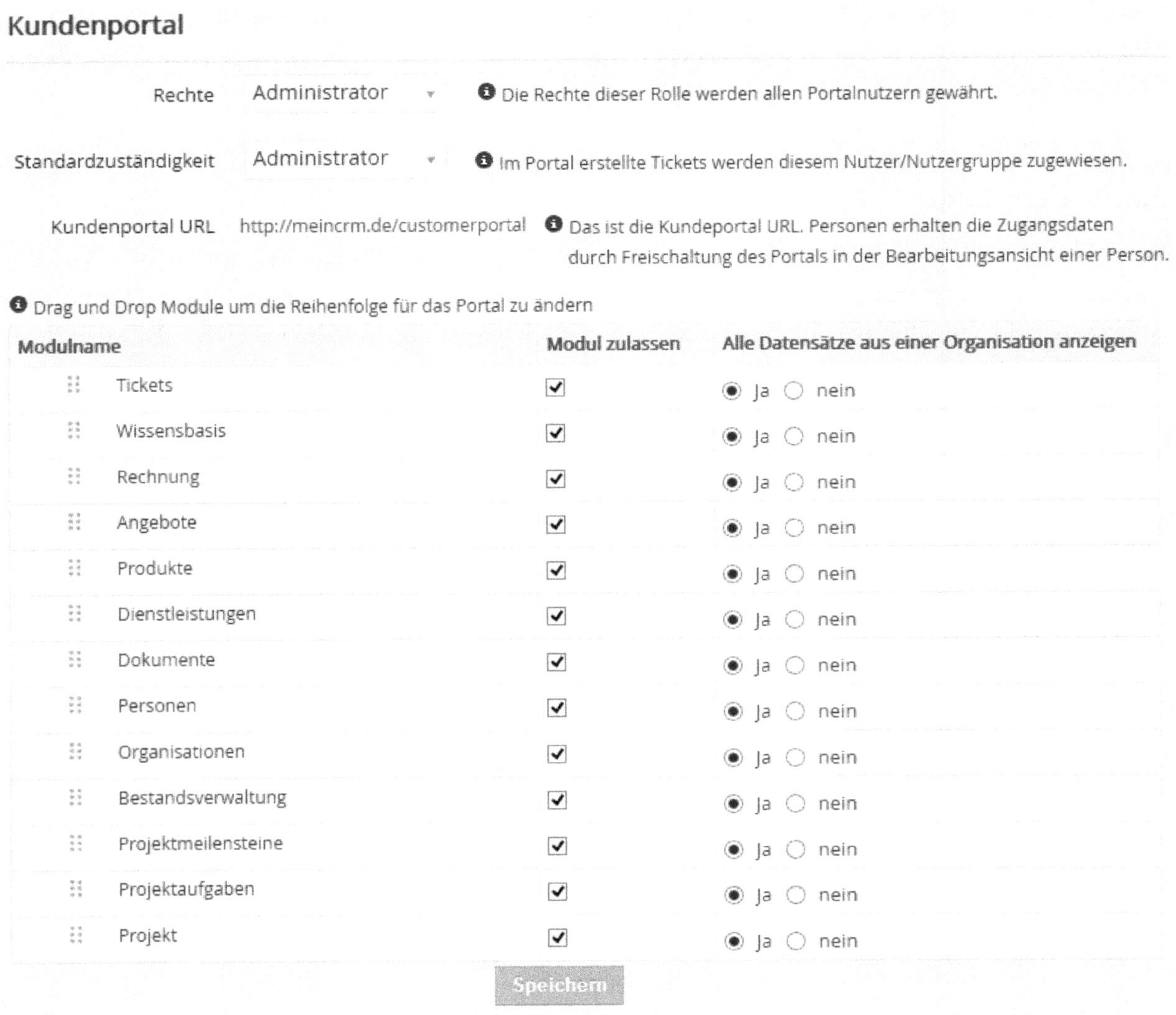

Kundenportal

Rechte	Administrator ▾	❶ Die Rechte dieser Rolle werden allen Portalnutzern gewährt.
Standardzuständigkeit	Administrator ▾	❶ Im Portal erstellte Tickets werden diesem Nutzer/Nutzergruppe zugewiesen.
Kundenportal URL	http://meincrm.de/customerportal	❶ Das ist die Kundeportal URL. Personen erhalten die Zugangsdaten durch Freischaltung des Portals in der Bearbeitungsansicht einer Person.

❶ Drag und Drop Module um die Reihenfolge für das Portal zu ändern

Modulname	Modul zulassen	Alle Datensätze aus einer Organisation anzeigen
⠿ Tickets	☑	⦿ Ja ○ nein
⠿ Wissensbasis	☑	⦿ Ja ○ nein
⠿ Rechnung	☑	⦿ Ja ○ nein
⠿ Angebote	☑	⦿ Ja ○ nein
⠿ Produkte	☑	⦿ Ja ○ nein
⠿ Dienstleistungen	☑	⦿ Ja ○ nein
⠿ Dokumente	☑	⦿ Ja ○ nein
⠿ Personen	☑	⦿ Ja ○ nein
⠿ Organisationen	☑	⦿ Ja ○ nein
⠿ Bestandsverwaltung	☑	⦿ Ja ○ nein
⠿ Projektmeilensteine	☑	⦿ Ja ○ nein
⠿ Projektaufgaben	☑	⦿ Ja ○ nein
⠿ Projekt	☑	⦿ Ja ○ nein

Speichern

Abbildung 5-44: Kundenportal Menü - Grundeinstellungen

In den Grundeinstellungen werden Ihnen alle Module gelistet, welche dem Kundenportal Informationen liefern können. Sie können mit Hilfe der Checkbox entscheiden, was im Kundenportal gezeigt werden soll und können über Drag / Drop mit der Maus auch die Reihenfolge festlegen.

Die Portalanzeige ist mit der Rolle eines CRM Nutzers verknüpft. Über diese Rolle definieren sich die Rechteeinstellungen für Portalnutzer. Es empfiehlt sich deshalb für die Nutzung des Kundenportals einen speziellen CRM Nutzer mit einer speziellen Kundenportalrolle anzulegen. In dieser speziellen Rolle können und sollten Sie entscheiden welche Felder aus den einzelnen Menüs im Kundenportal zur Ansicht bereitgestellt werden.

5.5.12 Webforms

Als Webforms werden HTML Vorlagen bezeichnet, die man auf einer Internet Seite platzieren kann, um Daten von Dort an das CRM zu übertragen. Z.B. könnte folgender Ablauf möglich gemacht werden:

- Ein Webseiten Designer platziert den Webform Code auf einer Webseite mit einem Kontaktformular.
- Ein Interessent füllt auf der Webseite das Kontaktformular aus und sendet es ab.
- Die eingegebenen Daten des Interessenten werden an das CRM übertragen und dort als Lead abgelegt.
- Der Lead wird einem CRM Nutzer zugewiesen, der sich um die Bearbeitung kümmern soll.

Webforms nutzen ein internes CRM Interface, genannt Webservices, mit dem ein anderes Programm Daten auf einem sicheren Weg mit dem CRM austauschen kann. Der durch das Webform Menü erzeugt Code enthält alle notwendigen Teile um mit dem CRM zu kommunizieren im HTML Format.

Die Nutzung der Webform setzt einiges technisches Wissen über die Programmierung von Webseiten und der Kommunikation mit anderen Anwendungen voraus. Wenn Sie diese Kenntnisse nicht haben, brauchen Sie für die Nutzung diese Anwendung und das Verständnis der nachfolgenden Erklärungen Hilfe.

Zum Erstellen einer Webform klicken Sie **[Erstelle Datensatz]** in dem Menü.
Es öffnet sich die Erstellansicht und im oberen Teil werden allgemeine Angaben zur Webform gemacht, wie in der Abbildung 5-45 zu sehen.

Abbildung 5-45: Webform – Erstellansicht I

Tabelle 5-15: Erläuterungen zu Webform Feldern I

Feld	Erläuterung
Webform Name	Geben Sie der Form einen Namen.
Modul:	Wählen Sie das Modul für welches Sie eine Webform erstellen wollen.
Return URL:	Das Feld kann eine Internetadresse beinhalten, welche nach der Übertragung der Daten angesprungen werden soll.
Captcha zugelassen:	Schützen Sie Ihre Eingabeform durch Captcha.

Feld	Erläuterung
Beschreibung:	Zu Ihrer Verwendung.

Die Eingaben aus dem mittleren Teil, bestimmen die Datensatzzuständigkeit für mehrere CRM Nutzer. Wenn Sie, wie in Abbildung 5-46 dargestellt, ein Rundlauf- (Round Robin-) Verfahren zugelassen haben, werden neu erstelle Datensätze nacheinander den aufgeführten Nutzern zugewiesen. Wenn der letzte Nutzername aus der Liste einen Datensatz zugewiesen bekommen hat, wird der nächste Datensatz wieder dem ersten Nutzer in der Liste zugeordnet und der Rundlauf beginnt von vorn.

Abbildung 5-46: Nutzerzuständigkeit für Webforms

Im unteren Teil geben Sie die Felder an, welche Sie in der Form haben wollen, siehe Abbildung 5-47. Wie zu sehen ist kann man die mit einem Klick auf das Eingabefeld leicht auswählen und der Form hinzufügen. Die Feldreihenfolge ändern Sie mit Drag & Drop.

In der unten entstehenden Tabelle sieht man auf der linken Seite die Feldnamen, wie diese auch in den CRM Eingabemenüs erscheinen, auf der rechten Seite stehen die vom CRM intern benutzen Feldnamen als Referenzfelder. Pflichtfelder wurden bereits markiert und müssen Bestandteil einer Webform sein. Die nachfolgende Tabelle erklärt die Spalteninhalte.

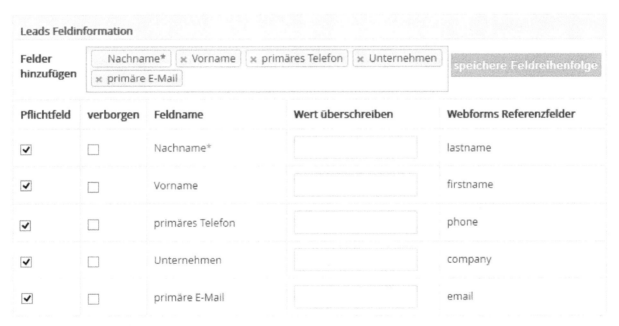

Abbildung 5-47: Webform – Erstellansicht II

Tabelle 5-16: Erläuterungen zu Webform Feldern II

Spalte	Erläuterung
Pflichtfeld:	Markieren Sie die Felder, welche Sie in Ihrer Webform als Pflichtfeld haben wollen.
verborgen:	Das Feld soll in der Webform nicht angezeigt werden.

Spalte	Erläuterung
Feldname:	Bezeichnung der Felder in Ihren CRM Menüs.
Wert überschreiben:	Hier können Sie Standardwerte für den CRM Eintrag festlegen. Das ist z.B. sinnvoll für interne Informationen aus verborgenen Feldern, welche Sie im CRM mit speichern wollen.

Klicken Sie **[Speichern]** um Ihre Auswahl an das CRM zu übertragen. In der sich öffnenden Detailansicht gibt es zwei neue Felder *öffentliche ID* und *Post Url*, wie in Abbildung 5-48 zu sehen.

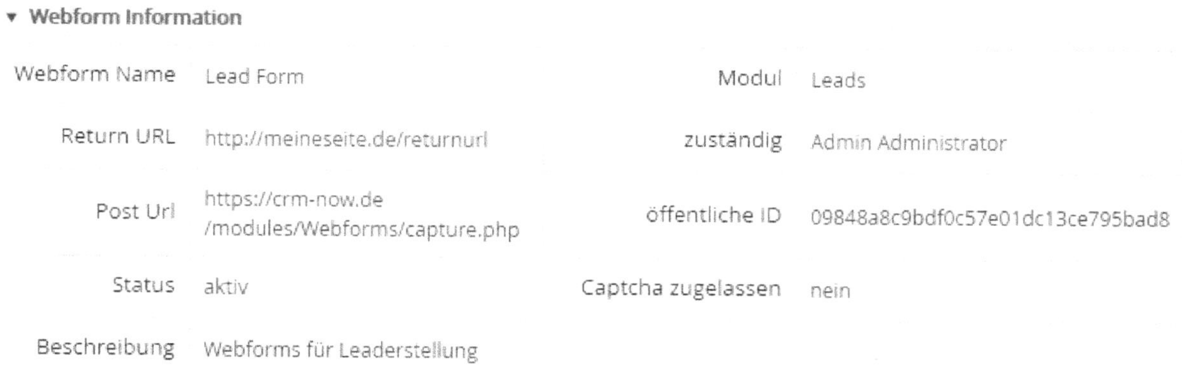

▾ Webform Information

Webform Name	Lead Form	Modul	Leads
Return URL	http://meineseite.de/returnurl	zuständig	Admin Administrator
Post Url	https://crm-now.de/modules/Webforms/capture.php	öffentliche ID	09848a8c9bdf0c57e01dc13ce795bad8
Status	aktiv	Captcha zugelassen	nein
Beschreibung	Webforms für Leaderstellung		

Abbildung 5-48: gespeicherte Webform Daten

Das Feld *öffentliche id* ist eine einzigartige Webfom-Identifikationsnummer (Zugangsschlüssel). Das Feld *Post URL* ist die Zieladresse der Kommunikation von der Webseite in Ihr CRM.

Klicken Sie den **[zeige Form]** Button um den HTML Code zur Ansicht zu bekommen. Den angezeigten Code können Sie dann auf Ihrer Webseite platzieren und im Layout entsprechend anpassen.

Hinweis: Von der direkten Benutzung der Webforms, wie diese vom CRM generiert werden, wird aus Sicherheitsgründen von Autor dieses Handbuches abgeraten. Das *hidden* Feld mit dem Schlüssel sollten Sie so umbauen, dass der Schlüssel den Besuchern Ihrer Webseite verborgen bleibt. Der CRM Schlüssel darf auf keinem Fall, auch nicht als hidden HTML Feld, im Internet platziert werden, da dadurch ein unautorisiertes Posten von Daten in Ihr CRM möglich wäre. Dem entsprechend ist eine durch das Webform Menü erzeugte HTML Vorlage noch nachzubessern.

5.6   vtiger Extension Store

vtiger betreibt eine Webseite von der weitere kostenlose oder kostenpflichtige CRM Erweiterungen oder Module bezogen werden können. Diese Webseite ist unter

https://marketplace.vtiger.com

erreichbar. Die dort angebotenen Erweiterungen können über das Menü Extension Store direkt aus dem CRM angesprochen werden, siehe Abbildung 5-49.

Hier werden Ihnen alle Erweiterungen angezeigt, die zu der von Ihnen verwendeten vtiger Version übereinstimmen und Sie könne die bei Bedarf installieren oder zuvor erwerben.

Eine jeweils aktuelle Beschreibung der Prozedur finden Sie in der vtiger Wiki:

https://wiki.vtiger.com/vtiger6/

Abbildung 5-49: vtiger Extension Store

6 Index

Z

7 Abbildungsverzeichnis

Anhang A Weitere Quellen

Die Anzahl der Publikationen zu dem CRM System wächst ständig. Ebenso werden neue Programme oder Programmerweiterungen in unregelmäßigen Abständen veröffentlicht. In diesem Anhang wird auf weitere Quellen verwiesen.

A.1. Aktuelle Version des Handbuches

Der Autor ist bemüht, mit der Entwicklung des CRM Systems Schritt zu halten und veröffentlicht in unregelmäßigen Abständen neue Versionen mit aktualisierten Inhalten. Die aktuellste Version des Handbuches wird immer unter folgender URL publiziert:

http://www.vtiger-hilfe.de

A.2. Weitere Quellen

Die umfangreichsten Publikationen zu dem CRM System finden Sie zurzeit auf der Webseite von vtiger unter folgenden URL:

http://www.vtiger.com

Dort gibt es neben Foren, Wiki, einen Online Shop für Programmerweiterungen, weiteren Dokumentationen und auch viele zusätzlichen Informationen zur Nutzung des CRM Systems, sowie die aktuellen Handbücher für die Installation und den Betrieb der CRM's und dessen Zusatzprogramme wie Outlook Plugin, Office Plugin, Firefox Erweiterung, Kundenportal, Webforms und Thunderbird Erweiterung.

Die CRM Erweiterungen aus der vtiger Community finden Sie unter der folgenden URL

https://marketplace.vtiger.com

vtiger selbst betreibt eine Wiki. Dort finden Sie ein mehr technisch orientiertes Online- Handbuch und zahlreiche Hilfen für die eigene programmtechnische Anpassung des CRMs. Die Wiki finden Sie unter folgenden URL:

http://wiki.vtiger.com

A.3. UTF-8 Hilfe

Das CRM System arbeitet intern mit dem UTF-8 Zeichensatz. Das müssen Sie beachten, wenn Sie Import oder Export Operationen ausführen wollen. Die folgenden Links können Ihnen helfen, diesen Zeichensatz zu verstehen und entsprechend anzuwenden.

- die Online Wikipedia erklärt den UTF-8 Zeichensatz:

  http://de.wikipedia.org/wiki/UTF-8

- den Notepad++ Editor können Sie zur Umwandlung von Daten zu und von UTF-8 verwenden:

  http://sourceforge.net/projects/notepad-plus/

- hier finden Sie eine Sammlung von Werkzeugen zur UTF-8 Umwandlung (in Englisch):

  http://dataconv.org/apps_unicode_utf8.html

A.4. CRM Word Konnektor

Für die Erstellung von Serienbriefen oder Adresslabels direkt aus MS Word heraus, ohne dass Vorlagen im CRM gespeichert werden müssen, gibt es eine kommerzielle Erweiterung unter folgenden URL:

http://www.crm-now.com/en/vtigercontributions/

Anhang B Grundlagen der rollenbasierten Rechteverwaltung

Rollenbasierte Rechteverwaltung (role based security) dient der Beschreibung und der Durchsetzung einer unternehmensweiten Rechteverwaltung, die sich harmonisch in die Unternehmensstruktur einfügen kann. Mit Hilfe dieser Rechteverwaltung werden die Rechte der einzelnen Nutzer für den Zugang zu Daten, als auch für die Möglichkeit, Daten zu verändern oder zu löschen, gesteuert und kontrolliert.

Dieses Kapitel erläutert die Grundlagen für die Rechtevergabe im CRM System. Es erklärt die notwendigen Überlegungen, die ein CRM Administrator machen sollte, bevor mit dem Einrichten von Nutzern des CRM Systems begonnen wird.

Die nachfolgenden Kapitel erklären das Prinzip der rollenbasierten Rechteverwaltung, wie es im CRM System implementiert wurde und berücksichtigen die Abhängigkeiten zu anderen Sicherheitseinstellungen.

Einführung zur Rechteverwaltung

Das CRM System basiert auf einer modernen Rechteverwaltung, welche das Prinzip von Rollen benutzt, wie es auch zur Rechteverwaltung in heutigen fortgeschrittenen Computer Betriebssystemen zum Einsatz kommt.

Die rollenbasierte Rechteverwaltung (auch häufig als rollenbasierte Zugangskontrolle bezeichnet) baut auf der Voraussetzung auf, dass Nutzer authentifiziert d.h. eindeutig identifiziert werden. Nach einer Authentifizierung werden Nutzern Rollen und damit verbundene Rechte zugewiesen.

Rollenbasierte Rechteverwaltung ist heutzutage das dominierende Prinzip zur Zugangskontrolle in vielen Computersystemen und -anwendungen, da es die Komplexität und die Kosten der Administration von Rechten bedeutend verringert.

Auch wenn es für kleinste und kleine Unternehmen nicht unbedingt erforderlich ist, kann eine Abbildung von komplexen Unternehmensstrukturen mit einer fein abgestuften Rechtevergabe vorgenommen werden. Das ist z.B. vorteilhaft, wenn mehrere Vertriebsteams im Einsatz sind, in denen die verschiedenen Personen mit unterschiedlichen Zugangsrechten zu den CRM Daten ausgestattet werden sollen.

Rollenbasierte Rechteverwaltung im CRM ist vor allem für solche Unternehmen vorteilhaft anzuwenden, die:

- eine größere Anzahl von Nutzern gleichzeitig mit dem CRM System arbeiten lassen wollen,
- Nutzerrechte für den Zugang auf Daten beschränken wollen oder
- eine hierarchische Unternehmensstruktur im CRM System abgebildet haben wollen.

Obwohl rollenbasierte Sicherheit nicht in erster Linie dazu entwickelt wurde, um firmeninterne Informationen gegen einen unberechtigten Zugang zu schützen, hat dieses Prinzip sich doch als Hilfsmittel bewährt, um unternehmensweit Richtlinien zum Umgang mit vertraulichen Informationen durchzusetzen.

Begriffsdefinitionen für die Rechteverwaltung

Benutzertypen

Das CRM unterscheidet zwei Benutzertypen:

- Standardnutzer
- Administratoren

Die Rechte der Standardnutzer sind im CRM darauf beschränkt, Datensätze anzulegen, zu verändern und zu löschen und nutzerspezifische Einstellungen vorzunehmen.

Administratoren haben die Möglichkeit, die gesamte CRM Software zu managen. Dazu zählt:

- das Management der Standardnutzer, der Nutzergruppen und deren Rechte.
- die unternehmensweite Anpassung der CRM Bedienoberfläche.
- die Möglichkeit, Vorlagen zu erzeugen und vorzugeben.
- die Möglichkeit, unternehmensweite Vorgaben zu setzen.
- die Berechtigung, Nutzer auszuschließen, Zugangsdaten von Nutzern zu ändern und die Login Historie einzusehen.
- die Berechtigung, alle nutzerspezifischen Einträge zu sehen oder zu verändern.

Nutzer mit Administratorrechten haben immer uneingeschränkte Rechte im CRM System. Sie dürfen auf alle Datensätze zugreifen und sehen auch Eingabefelder, die für andere Nutzer verborgen bleiben sollen. Sie sollten deshalb Nutzern nur in Ausnahmefällen Administratorrechte geben.

Abbildung 7-1: Administrator Funktion für Nutzer freischalten

In der Abbildung 7-1 sehen Sie die Bearbeitungsansicht von Nutzerdaten, wie diese im CRM durch die Managementfunktionen bereitgestellt wird. Durch das Markieren der **Admin** Checkbox kann jedem Nutzer die Privilegien eines Administrators zugewiesen werden.

Hinweis: Jeder Änderung der Rechte eines CRM Nutzers werden erst nach einem erneutem Login gültig!

Definition von Rollen

Das Prinzip der rollenbasierten Sicherheit beruht darauf, dass alle Privilegien in Rollen zusammengefasst werden, die dann einem Standardnutzer zugewiesen werden. Jede Rolle basiert auf einem oder mehreren Profilen. Man könnte Rollen auch als Arbeitsaufgaben in einem Unternehmen auffassen, die den einzelnen CRM Nutzern zugewiesen werden.

Die auf Rollen basierte Administration der Rechtevergabe im CRM hat die Aufgabe festzulegen, welche Rechte für die Ausführung einer bestimmten Arbeitsaufgabe notwendig sind und muss diese dann einem oder mehreren Nutzern zuweisen.
Üblicher Weise werden mehrere Rollen hierarchisch in Übereinstimmung mit der Unternehmensstruktur definiert. Dadurch ist es möglich, die Komplexität der Beziehungen in einem Unternehmen und die damit verbundenen unterschiedlichen Anforderungen an die Rechtevergabe überschaubar zu administrieren.

Jedem CRM Nutzer muss eine Rolle zugewiesen werden. Jede Rolle basiert auf wenigstens einem Profil.

Durch unterschiedliche Rollen kann man die Rechte eines CRM Nutzers schnell anderen Arbeitsaufgaben anpassen, da die Privilegien nicht einer Person gegeben werden, sondern bezogen auf eine Arbeitsaufgabe festgelegt sind. Ändern sich Arbeitsabläufe im Unternehmen, werden Rollen neu definiert, ohne dass man die individuellen Rechte der einzelnen Nutzer managen muss.

Darüber hinaus kann man individuellen Personen durchaus mehrere Rollen zuordnen. Das ist z.B. sinnvoll, wenn eine Person mehrere Funktionen im Unternehmen hat. Beispielsweise könnte ein „Herr Müller" gleichzeitig der Leiter des Vertriebes sein, und auch den Job des CRM Systemadministrators übernommen haben. Um einer Person mehrere Rollen zu geben, muss für jede dieser Rollen ein Nutzer angelegt werden. Wenn dann „Herr Müller" für den Vertrieb arbeitet, loggt er sich als Leiter des Vertriebes ein, wenn er das CRM System betreuen will, loggt er sich als Administrator ein. Dabei ist es durchaus möglich, für beide Logins das gleiche Passwort zu benutzen.

Definition von Profilen

Profile geben den Rollen Privilegien. Diese sind notwendig, um bestimmte CRM Funktionen auszuführen. Das geschieht unabhängig von konkreten Nutzern. Funktional bedeutet das, dass die Profile die Aktionen repräsentieren, die mit Rollen verbunden sind, die dann wiederum bestimmten Nutzern zugeordnet werden.

Die Beziehungen zwischen Nutzern, Rollen und Profilen ist in der Abbildung 7-2 dargestellt. Wie zu sehen ist, sind diese Beziehungen vielfältig miteinander verknüpft. So kann z.B. eine Person über mehrere Logins verschiedene Rollen innehaben, eine Rolle wiederum kann mehreren Nutzern zugewiesen werden. Rollen können für verschiedene Arbeitsaufgaben im Unternehmen stehen. So kann z.B. eine vertriebsbezogene Rolle zu einem Vertriebsmitarbeiter und eine andere Rolle zu seinem Assistenten definiert werden.

Die Profile, die einer Rolle zugeordnet sind, geben dem Inhaber der Rolle bestimmte Möglichkeiten das CRM zu nutzen. Das könnte z.B. heißen, dass ein Vertriebsmitarbeiter neue Stammdatensätze anlegen, diese verändern und auch löschen kann. Der Assistent hat jedoch nur die Möglichkeit sich die im CRM vorliegenden Vertriebsinformationen anzusehen.

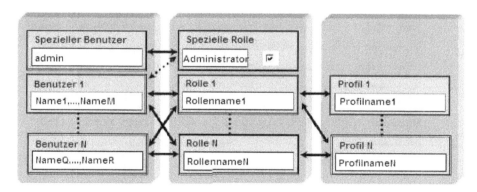

Abbildung 7-2: Beziehungen zwischen Benutzer, Rollen und Profile

Die Verbindung von Profilen und Rollen in einem Unternehmen kann in Übereinstimmung mit selbst auferlegten Regeln erfolgen. Profile können dafür so definiert werden, dass sie firmeninterne Regeln demonstrieren und deren Einhaltung durchsetzen. Z.B. können Assistenten davon abgehalten werden, selbst die Stammdaten von Kunden zu verändern, da das im Unternehmen nicht üblich ist.

Die auf Profilen beruhenden Privilegien werden durch den CRM Administrator festgelegt. Das CRM System unterscheidet zwischen den folgenden Privilegien das Recht:

- ✓ bestimmte CRM Module zu benutzen.
- ✓ Daten in bestimmten CRM Modulen zu sehen.
- ✓ Daten in bestimmten CRM Modulen zu verändern oder Einträge zu erzeugen.
- ✓ Daten in bestimmten CRM Modulen zu löschen.
- ✓ Daten in bestimmten CRM Modulen zu exportieren.

✓ Daten in bestimmten CRM Modulen zu importieren.

Das CRM System überwacht diese Privilegien und stellt sicher, dass nur solche Operationen ausgeführt werden können, für die ein Nutzer auch die Rechte zugewiesen bekommen hat.
Bitte beachten Sie die folgenden Regeln:

- Spezielle Privilegien sind globalen oder allgemeinen Privilegien übergeordnet.
- Der Entzug von Privilegien überschreibt immer schon erteilte Privilegien
- Darüber hinaus gibt es weitere Regeln, die im Folgenden beschrieben werden.

Dabei unterscheidet das CRM System folgende Privilegientypen:

Tabelle 7-1: Privilegientypen

Privilegientyp	Bedeutung
Übergeordnete Nutzerprivilegien:	Wenn Sie ein Profil erzeugen, gestatten diese globalen Privilegien, zu entscheiden, ob das allgemeine Privileg, alle Daten und CRM Module zu sehen und zu editieren, vergeben werden soll. • **Alle ansehen:** Ein Nutzer mit einer Rolle, die auf diesem Profil beruht kann alle Daten in der Organisation sehen. • **Alle Bearbeiten:** Ein Nutzer mit einer Rolle, die auf diesem Profil beruht kann alle Daten in der Organisation bearbeiten. Übergeordnete Nutzerprivilegien in einem Profil überschreiben die Rechte, die individuelle Privilegien vergeben. Wenn z.B. der Zugang zu den Verkaufspotentialen durch die individuellen Tab/Modul Privilegien gesperrt worden ist, kann ein Nutzer trotzdem die Verkaufspotentiale sehen, wenn in dem Profil die Ansicht in den Einstellungen zu den übergeordneten Nutzerprivilegien zugelassen wurde.
Tab/Modul Privilegien:	Mit den Tab/Modul Privilegien legen Sie fest, welche CRM Module angezeigt werden. Dazu zeigt Ihnen das CRM alle zur Verfügung stehenden Module an.
Standard Privilegien:	Mit diesen Privilegien legen Sie fest, ob Nutzer Datensätze Erzeugen/Bearbeiten, Ansehen oder Löschen dürfen. Dazu zeigt Ihnen das CRM alle zur Verfügung stehenden Module an.
Feld Privilegien:	In Bezug auf die Felder für die Stammdaten, werden mit diesen Privilegien festgelegt, welche Felder in den einzelnen CRM Modulen angezeigt werden. Benutzerdefinierte Felder werden ebenfalls mit berücksichtigt. Sie sollten deshalb bei Bedarf zuerst die benutzerdefinierten Felder anlegen und dann die Feld Privilegien konfigurieren.
Privilegien für Werkzeuge:	Einige CRM Module sind mit speziellen Dienstprogrammen (Werkzeugen) ausgestattet, wie z.B. Export, Import oder die Umwandlung von Leads. Mit der Konfigurierung der Privilegien legen Sie fest, welche Dienstprogramme verfügbar gemacht werden.

Privilegien, die durch Profile vergeben werden, überschreiben **meist** Privilegien, die durch die Konfigurierung der Globalen Rechtevergabe auf Module vergeben werden (siehe Kapitel *Globale*

Rechtevergabe). Dies **trifft nicht zu**, wenn die **Übergeordneten Nutzerprivilegien** aktiviert sind oder diese zumindest zum Teil deaktiviert sind und Tab/Modul Privilegien deaktiviert sind. Lesen Sie dazu mehr im Kapitel *Administration FAQ*.

Wenn z.B. in den Einstellungen für die Globale Rechtevergabe der Zugang für alle CRM Nutzer zu den Verkaufspotentialen gewährt wird, kann dieser Zugang durch entsprechende Einstellungen in einem Profil entzogen werden.

Definition von Gruppen

Das CRM gestattet Ihnen, Benutzer, Rollen, Rollen mit Unterstellten als auch bereits definierte Gruppen zu neuen Gruppen zusammenzufassen. Gruppen sind ein Hilfsmittel, um das System besser managen zu können, werden aber nicht zur Rechtevergabe benutzt. Einer solchen Gruppe können z.B. Einträge im CRM zugewiesen werden.

Benutzergruppen

Benutzergruppen, manchmal auch als Team bezeichnet, werden aus einem oder mehreren Benutzern gebildet. Sie können im CRM System eine unbeschränkte Anzahl von Benutzern auswählen, die Mitglied in einer Benutzergruppe sein sollen und dieser Gruppe einen Namen geben.
Bitte beachten Sie, dass die Einstellungen für Gruppen den Einstellungen für Profile übergeordnet sind. Gruppenprivilegien können durch die Globale Rechtevergabe eingeschränkt werden. Die Privilegien der Gruppenmitglieder ergeben sich aus einer logischen ODER Verknüpfung der Privilegien, die den einzelnen Nutzern zugeordnet worden sind.

Ein Beispiel für eine Benutzergruppe zeigt dieAbbildung 7-3.

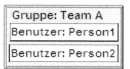

Abbildung 7-3: Beispiel für eine Benutzergruppe

Gruppe aus Rollen

Sie können ebenfalls Gruppen bilden, deren Mitglieder zuvor definierte Rollen sind. Das ist z.B. hilfreich, wenn Sie die individuellen Nutzer und deren Aufgabe im Unternehmen nicht kennen. Ein Beispiel wird in der Abbildung 7-4: Beispiel für eine Gruppe aus Rollen: Beispiel für eine Gruppe aus Rollen gezeigt.

Abbildung 7-4: Beispiel für eine Gruppe aus Rollen

In diesem Beispiel sind alle Nutzer, welche die Rollen „Vertrieb" und „Marketing" haben Mitglieder dieser Gruppe. Wenn Sie dann z.B. einen Datensatz dieser Gruppe zuordnen, werden alle Nutzer mit den Rollen „Vertrieb" und „Marketing" Eigentümer dieses Datensatzes.

Gruppe aus Rollen mit Untergebenen

Zusätzlich zu den Gruppen aus Rollen, können Sie Untergebene in den Gruppen einbinden, wie es sich aus einer Unternehmenshierarchie ergibt.

Rollen

Abbildung 7-5: Hierarchiebeispiel

Dies bedeutet, dass Nutzer mit Rollen eingebunden werden, die hierarchisch unter einer bestimmten Rolle liegen. Die Abbildung 7-5 zeigt Ihnen beispielhaft eine solche hierarchische Rollenstruktur.

In dieser Abbildung hat die Rolle „Vertriebsmanager" eine untergeordnete Rolle, die „Vertriebsmitarbeiter" genannt wurde. Genau so könnte man eine Rolle „Marketing" anlegen, die eine untergeordnete Rolle „Marketing Assistent" hat. Wenn Sie jetzt eine Gruppe bilden, wie es in der Abbildung 7-6: Beispiel für eine Gruppe aus Rollen mit Untergebenen dargestellt ist, werden alle vertriebs- und marketingbezogenen Nutzer Mitglieder dieser Gruppe.

Abbildung 7-6: Beispiel für eine Gruppe aus Rollen mit Untergebenen

Gruppen aus Gruppen

Sie können auch Gruppen bilden, bei denen die Mitglieder ebenfalls Gruppen sind, d.h., dass alle Mitglieder von ausgewählten Gruppen auch Mitglied der neuen Gruppe werden. Wenn Sie z.B. eine Gruppe aus Vertriebsteams bilden wollen, wie in der Abbildung 7-7 gezeigt, fassen Sie die Gruppen „Team A" und „Team B" in einer neuen Gruppe, hier „Vertrieb" genannt, zusammen. In diesem Beispiel sind die Mitglieder der Gruppen „Team A" und „Team B" Nutzer des CRM Systems.

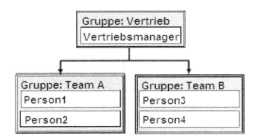

Abbildung 7-7: Beispielhierarchie für Gruppen

Wenn Sie jetzt einen CRM Eintrag der Gruppe „Vertrieb" zuweisen, werden die Personen 1 bis 4 Eigentümer dieses Eintrags.

Das **CRM System** überprüft beim Login eines Nutzers die Sicherheitseinstellungen in folgender Reihenfolge:

- Zuerst werden die „Übergeordneten Nutzerprivilegien" in den Profilen überprüft. Sind beide Checkboxen aktiviert, dann ist die Prüfung an dieser Stelle beendet. Dies hat zur Folge, dass jeder Nutzer alle Daten im CRM sehen und bearbeiten kann, mit Ausnahme des Moduls „Einstellungen" (nur für Administratoren). In diesem Fall überschreiben die Profileinstellungen die Globale Rechtevergabe, da diese nicht mehr berücksichtigt wird.

- Falls mindestens eine Checkbox der „Übergeordneten Nutzerprivilegien" deaktiviert wurde, dann prüft das System in einem nächsten Schritt die Modulprivilegien in den Profilen. Wenn ein Modul deaktiviert wurde, dann kann der betrachtete Benutzer dieses Modul nicht sehen. Auch in diesem Fall überschreiben die Profileinstellungen die Globale Rechtevergabe, da Globale und Benutzerdefinierte Zugangsregeln völlig irrelevant werden, wenn das betreffende Modul erst gar nicht sichtbar ist.

- Wenn die Modulprivilegien aktiviert sind, dann hat ein Benutzer Zugang zum betreffenden Modul und das System überprüft die Globale Rechtevergabe.

Anhang C   Beispiele für Rechteeinstellungen

In diesem Anhang werden die zuvor beschriebenen Administratorfunktionen zur Rechteverwaltung im CRM durch Beispiele illustriert. Natürlich können nicht alle Möglichkeiten und Kombinationen erschöpfend berücksichtigt werden. Es werden jedoch die elementaren Bausteine an Hand von einfachen Unternehmenshierarchien erläutert, die es dem CRM Administrator erleichtern sollen, sich in die Prinzipien und den Regeln zur Rechtevergabe einzuarbeiten.

Beispiel 1: Organisation eines sehr kleinen Unternehmens

Die folgenden Konfigurationsbeispiele basieren auf einem Vertriebsteam, wie es in der Abbildung 7-8 gezeigt wird. Der Vertriebsmanager ist der Vorgesetzte von Person 1 und 2, die wiederum Mitglieder der Gruppe Team A sind. Außerdem ist der Vertriebsmanager der Vorgesetzte des Vertriebsassistenten.

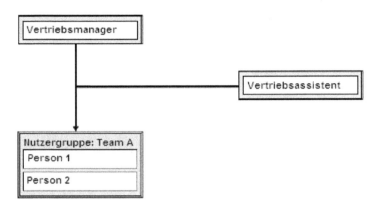

Abbildung 7-8: Administrationsbeispiel zur Rechtevergabe - Vertriebsteam 1

Nachfolgend werden für dieses Beispiel einer Firmenhierarchie verschiedene Szenarien erläutert. Dabei werden zuerst einfache Anforderungen, die dann mit den weiteren Beispielen zunehmend komplexer werden.

Beispiel 1.1: Einfache Einstellungen

Nehmen wir an, dass wir folgende **Regeln** für Leads einführen wollen:

- Person 1 und Person 2 haben die Erlaubnis, **Leads zu erstellen**, welche der Person 1 oder der Person 2 zugeordnet werden können.
- Person 1 hat keine Zugangsberechtigung zu Leads der Person 2 und **umgekehrt.**
- Der Vertriebsmanager hat volle Zugangsberechtigung zu **allen** Leads
- Der Vertriebsassistent hat keine Zugangsberechtigung zu Leads.

Um diese **Regeln** umzusetzen, müssen wir die folgenden Einstellungen vornehmen:
In dem Menü **[Profile]** muss ein gemeinsames Profil für *Person 1, Person 2* und den **Vertriebsmanager** erstellt werden:

- Wir benötigen ein Profil mit dem Namen „Vertrieb", welches alle Schreib- und Leserechte für Leads setzt. Die übergeordneten Nutzerprivilegien (alle Ansehen, Alle Bearbeiten) müssen deaktiviert sein.

Es muss auch ein Profil für den **Vertriebsassistenten** erstellt werden:

- Basierend auf dem Profil „Vertrieb" soll ein neues Profil mit dem Namen „Assistentenprofil" erstellt werden, wobei die Privilegien für das Modul „Leads" deaktiviert sein müssen.

Unter **[Rollen]** müssen **drei Rollen** erstellt werden:

- Wir benötigen eine Rolle **„Vertriebsmanager"** für den Vertriebsmanager, sowie eine dieser untergeordneten Rolle für die *Person 1* und *Person 2* mit dem Namen **„Vertriebsmitarbeiter"**. Beide Rollen basieren auf dem Profil „Vertrieb".
- Zusätzlich brauchen wir eine weitere, dem Vertriebsmanager untergeordnete Rolle **„Assistent Vertrieb"** für den Vertriebsassistenten, welche auf dem Profil „Assistentenprofil" beruht.

Im Menü **[Globale Rechtevergabe]** müssen die Globalen Zugangsregeln definiert werden:

- Die Globalen Zugangsregeln für Leads müssen auf **„Privat"** gesetzt werden.

Da die Rolle des **Vertriebsmanagers** der Rolle von *Person 1* und *Person 2* übergeordnet ist, hat dieser **alle Schreib- und Leserechte bezogen auf die Daten** von *Person 1* und *2*.

Wenn *Person 1* oder *Person 2* einen **Lead** erstellt, dann ordnet das System den Lead dem Ersteller zu.

- Wenn z.B. **Person 1** einen Lead zugeordnet bekommt, dann haben die *Person 1* und der Vertriebsmanager Zugang zu dem Lead und können diesen bearbeiten.
- Falls die Zuständigkeit geändert wird und **Person 2** dem Lead zugeordnet wird, dann haben nur *Person 2* und der Vertriebsmanager Zugang zu diesem Lead.

Der Vertriebsassistent hat nicht die Möglichkeit, überhaupt Lead-Daten zu sehen.

Beispiel 1-2: Einstellungen mit Gruppen

In dieser Beispielkonfiguration nehmen wir an, dass folgende **Regeln** gelten sollen:

- *Person 1 und Person 2* haben die Erlaubnis, Leads zu erstellen, welche der *Person 1* der *Person 2* zugeordnet werden können.
- Wenn ein Lead einer *Person* zugeordnet wurde, dann hat das andere Teammitglied keine Zugangsrechte zu diesem Lead
- Der Vertriebsmanager hat volle Zugangsberechtigung zu allen Leads.
- Der Vertriebsassistent hat volle Zugangsberechtigung zu Leads welche dem Tea zugeordnet sind.

Um diese **Regeln** umzusetzen, hat man mehrere Optionen. Alle Möglichkeiten basieren auf den folgenden gemeinsamen Einstellungen:

Im Menü **[Profile]** muss ein gemeinsames Profil für *Person 1, Person 2* und den Vertriebsmanager erstellt werden:

- Wir benötigen lediglich ein Profil mit dem Namen „Vertrieb", welches alle Schreib- und Leserechte für Leads beinhalten soll. Die Übergeordneten Nutzerprivilegien müssen deaktiviert sein.

Im Menü **[Rollen]** müssen zwei Rollen erstellt werden:

- Wir benötigen eine Rolle „Vertriebsmanager" für den Vertriebsmanager, sowie eine dieser unterordneten Rolle für *Person 1, Person 2* und den Vertriebsassistenten mit dem Namen „Vertriebsmitarbeiter". Beide Rollen liegen dem Profil „Vertrieb" zugrunde.

Da die Rolle des **Vertriebsmanagers** der Rolle der anderen Benutzer übergeordnet ist, hat dieser alle Schreib- und Leserechte.

Option 1:
Im Menü **[Gruppen]** soll eine Gruppe erstellt werden:
Es kann eine Gruppe aus Nutzern mit dem Namen „Team A" erstellt werden. In dieser Gruppe befinden sich *Person 1, Person 2* und der Vertriebsassistent. Der Vertriebsmanager muss ebenfalls Mitglied dieser Gruppe sein, da Gruppen aus Nutzern hierarchieunabhängig sind und dieser Zugang zu den Leads des Team **A** haben soll.

Option 2:
Erstelle eine Gruppe aus **Rollen** mit Untergebenen mit dem Namen Team **A**.
In dieser Gruppe befindet sich lediglich die Rolle des Vertriebsmanagers.

Option 3:
Eine weitere Möglichkeit besteht darin, eine Gruppe aus Rollen mit dem **Namen Team A** zu erstellen, welche die Rolle des Vertriebsmanagers und die Rolle der Vertriebsmitarbeiter beinhaltet.

Im Menü **[Globale Rechtevergabe]** müssen die Globalen Zugangsregeln definiert werden:

- Die **Globalen Zugangsregeln** für Leads müssen auf „Privat" gesetzt werden.

Wenn nun *Person 1* oder *Person 2* einen Lead erstellen, dann ordnet das System den Lead dem Ersteller zu. Wenn z.B. *Person 1* einen Lead zugeordnet bekommt, dann haben die *Person 1* und der Vertriebsmanager Zugang zu dem Lead und können diesen bearbeiten.

Falls die Zuständigkeit geändert wird und nun *Person 2* dem Lead zugeordnet wird, dann haben nur *Person 2* und der Vertriebsmanager Zugang zu diesem Lead.

Beispiel 1-3: Einstellungen mit Globaler Rechtevergabe

In dieser Beispielkonfiguration nehmen wir an, dass folgende **Regeln** gelten sollen:

- *Person 1* und *Person 2* haben die Erlaubnis, Leads zu erstellen, welche der *Person 1* oder der *Person 2* zugeordnet werden können.
- Wenn ein Lead einer einzigen Person zugeordnet ist, dann hat ein anderes Teammitglied nur die Berechtigung, diesen Lead zu lesen.
- Der Vertriebsmanager hat volle Zugangsberechtigung zu allen Leads.
- Die Zugangsberechtigung des Vertriebsassistenten beschränkt sich auf das Ansehen eines Leads. Um diese Regeln umzusetzen, müssen wir die folgenden Einstellungen vornehmen:

Im Menü **[Profile]** muss ein gemeinsames Profil für *Person 1*, *Person 2* und den Vertriebsmanager erstellt werden:

- Wir benötigen lediglich ein Profil mit dem Namen „Vertrieb", welches alle Schreib- und Leserechte für Leads beinhalten soll. Die Checkbox „Alle bearbeiten" unter Übergeordnete Nutzerprivilegien muss deaktiviert sein.

Weiterhin muss ein Profil für den Vertriebsassistenten erstellt werden:

- Basierend auf dem Profil „Vertrieb" soll ein neues Profil mit dem Namen „Assistentenprofil" erstellt werden, wobei in den Privilegien für das Modul „Leads" nur „Ansehen" aktiviert sein darf.

Im Menü **[Rollen]** müssen drei Rollen erstellt werden:

- Wir benötigen eine Rolle „Vertriebsmanager" für den Vertriebsmanager, sowie eine dieser untergeordneten Rolle für die *Person 1* und *Person 2* mit dem Namen „Vertriebsmitarbeiter". Beide Rollen basieren auf dem Profil „Vertrieb".
- Zusätzlich brauchen wir eine weitere dem Vertriebsmanager untergeordnete Rolle **„Assistent Vertrieb"** für den Vertriebsassistenten, welche auf dem Profil „Assistentenprofil" beruht.

Im Menü **[Globale Rechtevergabe]** müssen die Globalen Zugangsregeln definiert werden:

- Die **Globalen Zugangsregeln** für Leads müssen auf „Öffentlich: Nur Lesen" gesetzt werden.

Da die Rolle des **Vertriebsmanagers** der Rolle von *Person 1* und *Person 2* übergeordnet ist, hat dieser **alle Schreib- und Leserechte bezogen auf die Daten** von *Person 1* und *Person 2*.

Wenn nun *Person 1* oder *Person 2* einen Lead erstellen, dann ordnet das System den Lead dem Ersteller zu. Wenn z.B. *Person 1* einen Lead zugeordnet bekommt, dann haben die Person 1 und der Vertriebsmanager Zugang zu dem Lead und können diesen bearbeiten.

Falls die Zuständigkeit geändert wird und nun Person 2 dem Lead zugeordnet wird, dann haben nur Person 2 und der Vertriebsmanager Zugang zu diesem Lead. Der Vertriebsassistent hat nur die Möglichkeit, Lead-Daten zu sehen.

Beispiel 2: kombinierte Globale Rechtevergabe

Dieses Beispiel soll zeigen, wie der Zugang zu bestimmten Daten dadurch kontrolliert werden kann, indem man die Bildung von Gruppen mit Globaler Rechtevergabe kombiniert.

Es soll ein Vertriebsteam geben, wie es die Abbildung 7-9 zeigt. Der Vertriebsmanager ist der Vorgesetzte von den *Personen 1-4*, welche Mitglieder des Team A und B sind. Es existiert auch ein Vertriebsassistent, der die Vertriebsteams bei ihrer Arbeit unterstützt.
Der Vertriebsmanager ist auch der Vorgesetzte des Vertriebsassistenten.

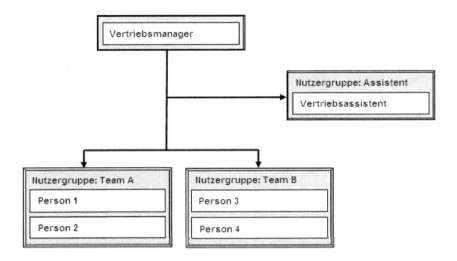

Abbildung 7-9: Administrationsbeispiel zur Rechtevergabe - Vertriebsteam 2

Beispiel 2-1: Einstellungen mit Gruppen

Wir nehmen an, dass die folgenden **Regeln** für Leads gelten sollen:

- *Person 1-4* haben die Erlaubnis, Leads zu erstellen, welche irgendeiner Person oder dem **Team A** oder **B** zugewiesen werden.
- *Person 1-4* haben Schreib- und Leserechte bezüglich aller Leads, unabhängig davon, wem sie zugewiesen sind. Dies bedeutet, dass sie auch Zugang zu den Leads des Vertriebsmanagers haben.
- Der Vertriebsassistent hat Schreib- und Leserechte bezüglich der Leads des **Team A**.
- Der Vertriebsmanager hat alle Zugangsprivilegien zu allen Leads.

Um diese Regeln umzusetzen, muss die folgende Rechteverwaltung im CRM umgesetzt werden:

Im Menü **[Profile]** müssen zwei Profile erstellt werden:

- Wir benötigen ein Profil „Vertrieb" für *Person 1-4* und den *Vertriebsmanager*, welches alle Schreib- und Leserechte enthält.
- Des Weiteren brauchen wir ein Profil „Assistentenprofil" für den *Vertriebsassistenten*. Hier soll die Checkbox „Alle Bearbeiten" unter Übergeordnete Nutzerprivilegien sowie die Checkbox „Löschen" für das Modul Leads deaktiviert sein.

Im Menü **[Rollen]** müssen drei Rollen erstellt werden:

- Wir benötigen eine Rolle „Vertriebsmanager" für den *Vertriebsmanager*, sowie eine dieser Rolle untergeordnete Rolle für die *Personen 1-4* mit dem Namen „Vertriebsmitarbeiter". Beide Rollen basieren auf dem Profil „Vertrieb".

- Zusätzlich brauchen wir eine weitere, dem Vertriebsmanager untergeordnete Rolle „**Assistent Vertrieb**" für den Vertriebsassistenten, welche auf dem Profil „Assistentenprofil" beruht.

Im Menü **[Gruppen]** müssen drei Gruppen erstellt werden:

- Wir benötigen eine Gruppe **Team A** für die *Personen 1* und *2*, sowie eine Gruppe **Team B** für die *Personen 3* und *4*.
- Die dritte Gruppe soll **Assistent** heißen mit dem Vertriebsassistenten als einzigem Mitglied.

Wie in Kapitel Globale Rechtevergabe beschrieben wurde, ist es nicht möglich, dass die Globale Rechtevergabe dazu benutzt wird, um Daten zwischen Nutzern zu teilen. Da wir aber Globale Rechte für den Vertriebsassistenten nutzen wollen, müssen wir für diesen eine eigene Gruppe einrichten.

Im Menü **[Globale Rechtevergabe]** müssen die globalen Zugangsregeln definiert werden:

- Die globalen Zugangsregeln für Leads müssen auf „**Privat**" gesetzt werden. Das hat zur Folge, dass Benutzer keinen Zugang zu Leads von anderen Benutzern haben.

Im Menü **[Globale Rechtevergabe]** müssen die benutzerdefinierten Zugangsregeln gesetzt werden.

Auf Leads von Gruppe:

1. „Team A" kann von Gruppe „Team B" zugegriffen werden mit der Erlaubnis „Lesen/Schreiben".
2. „Team B" kann von Gruppe „Team A" zugegriffen werden mit der Erlaubnis „Lesen/Schreiben".
3. „Team A" kann von Gruppe „Assistent" zugegriffen werden mit der Erlaubnis „Lesen/Schreiben".
4. „Team A" kann von Gruppe „Team A" zugegriffen werden mit der Erlaubnis „Lesen/Schreiben".
5. „Team B" kann von Gruppe „Team B" zugegriffen werden mit der Erlaubnis „Lesen/Schreiben".

Da wir die Globalen Zugangsregeln für Leads auf "Privat" gesetzt haben, sind die Punkte 4 und 5 notwendig damit die Mitglieder des Team A bzw. B ihre Leads sehen können, also z.B. die Person 1 die Leads der Person 2 sehen kann.

Beispiel 2-2: Einstellungen mit Rollen

Nun wollen wir das Beispiel 2 etwas modifizieren und nehmen an, dass die folgenden **Regeln** für Leads gelten sollen:

- *Person 1-4* haben die Erlaubnis, Leads zu erstellen, welche irgendeiner Person oder dem **Team A** oder **B** zugewiesen werden.
- *Person 1 und 2* haben Schreib- und Leserechte bezüglich der Leads von *Person 1 und 2* und *Team A*. Allerdings haben sie nur Leserechte bezüglich der Leads von *Person 3 und 4* und *Team B*.
- *Person 3 und 4* haben Schreib- und Leserechte bezüglich der Leads von *Person 3 und 4* und *Team B*. Allerdings haben sie nur Leserechte bezüglich der Leads von *Person 1 und 2* und *Team A*.
- Der *Vertriebsassistent* hat Leserechte bezogen auf alle Leads.
- Der *Vertriebsmanager* hat uneingeschränkten Zugang zu allen Leads.

Um diese **Regeln** umzusetzen, muss die folgende Rechteverwaltung implementiert werden:
Im Menü **[Profile]** muss ein gemeinsames Profil erstellt werden:

- Wir benötigen lediglich ein Profil „Vertrieb" wobei die Checkbox „Alle Bearbeiten" im Menü **Übergeordnete Nutzerprivilegien** deaktiviert sein muss.

Im Menü **[Rollen]** müssen vier Rollen erstellt werden:

- Basierend auf dem Profil „Vertrieb" brauchen wir eine Rolle „Vertriebsmanager" für den Vertriebsmanager.
- Basierend auf dem Profil „Vertrieb" brauchen wir eine dem Vertriebsmanager untergeordnete Rolle „Assistent Vertrieb" für den Vertriebsassistenten.
- Basierend auf dem Profil „Vertrieb" brauchen wir eine dem Vertriebsmanager untergeordnete Rolle Team A für die Personen 1 und 2.
- Basierend auf dem Profil „Vertrieb" brauchen wir eine dem Vertriebsmanager untergeordnete Rolle Team B für die Personen 3 und 4.

Das hat zur Folge, dass sich die Rollen **Assistent Vertrieb**, **Team A** und **Team B** auf derselben hierarchischen Ebene unter der Rolle des Vertriebsmanagers befinden.

Im Menü **[Gruppen]** müssen drei Gruppen erstellt werden:

- Wir benötigen eine Gruppe **Team A** für die *Personen 1* und *2*.
- Wir benötigen eine Gruppe **Team B** für die *Personen 3* und *4*.
- Wir benötigen eine Gruppe **Assistent** für den *Vertriebsassistenten* als einzigem Mitglied.

Beachten Sie bitte, dass der **Vertriebsmanager** ebenfalls Mitglied der Gruppen **Team A** und **B** sein muss, da Gruppen aus Nutzern hierarchieunabhängig sind und dieser Zugang zu den Leads des **Team A** und **Team B** haben soll.

Wie in Kapitel Globale Rechtevergabe beschrieben wurde, ist es nicht möglich, dass die Globale Rechtevergabe dazu benutzt wird, um Daten zwischen Nutzern zu teilen. Da wir aber Globale Rechte für den Vertriebsassistenten nutzen wollen, müssen wir für diesen eine eigene Gruppe einrichten.

Im Menü **[Globale Rechtevergabe]** müssen die Globalen Zugangsregeln definiert werden:

- Die Globalen Zugangsregeln für Leads müssen auf „Privat" gesetzt werden. Das hat zur Folge, dass Benutzer keinen Zugang zu Leads von anderen haben.

Weiterhin müssen in diesem Menü die Benutzerdefinierten Zugangsregeln gesetzt werden:

Auf Leads der Rolle:

1. „Team A" kann von der Rolle „Team B" zugegriffen werden mit der Erlaubnis „Nur Lesen".
2. „Team B" kann von der Rolle „Team A" zugegriffen werden mit der Erlaubnis „Nur Lesen".
3. „Team A" kann von der Rolle „Assistent Vertrieb" zugegriffen werden mit der Erlaubnis „Nur Lesen".
4. „Team B" kann von der Rolle „Assistent Vertrieb" zugegriffen werden mit der Erlaubnis „Nur Lesen".

5. „Vertriebsmanager" kann von der Rolle „Assistent Vertrieb" zugegriffen werden mit der Erlaubnis „Nur Lesen".

6. „Team A" kann von der Rolle „Team A" zugegriffen werden mit der Erlaubnis „Lesen/Schreiben".

7. „Team B" kann von der Rolle „Team B" zugegriffen werden mit der Erlaubnis „Lesen/Schreiben".

Anhang D FAQ

FAQ steht für **F**requently **A**sk **Q**uestions, also für häufig gestellte Fragen. Die Folgende Zusammenstellung ist ein Auszug aus den Supportinformationen der crm-now GmbH.

Wie kann man nicht benötigte Module entfernen?

Es sind zwei Fälle zu unterscheiden. Soll ein Modul unternehmensweit nicht mehr zur Verfügung stehen, entfernt man das Modul mit Hilfe des **[Modul Managers]**.

Soll das Modul für einzelne Nutzer nicht sichtbar sein, aber andere Nutzer sollen es zur Verfügung haben, so nimmt man die Anpassung in den entsprechenden **[Profilen]** vor, welche der Rolle des jeweiligen Nutzers zugeordnet sind.

Benutzer mit Administratorrechten können immer alle Daten sehen, deshalb ist es bei solchen Nutzern nicht möglich, Module zu deaktivieren.

Wie kann man Benutzer, Gruppen, Profile und Rollen löschen?

Wenn Sie einen Benutzer, eine Gruppe, ein Profil oder eine Rolle löschen wollen, werden Sie nach einem neuen Inhaber der Daten gefragt. Nachdem man einen neuen Inhaber ausgewählt hat, werden die Daten diesem übertragen und gehen dadurch nicht verloren.

Wie kann man den Loginnamen eines Benutzers ändern?

Es ist nicht möglich, einen Loginnamen direkt zu ändern. Stattdessen muss ein neuer Benutzer mit dem gewünschten Loginnamen angelegt und der alte Benutzer anschließend gelöscht werden. Beim Löschen des alten Benutzers müssen dann die Daten dem neuen Benutzer übertragen werden (s.o.).

Wie kann man das Administrator Passwort wieder bekommen?

Das geht nicht. Nutzerpasswörter sind nirgends gespeichert und können darum auch nicht ermittelt werden. Ist das Administratorpasswort verloren gegangen, so muss dieses in der Datenbank, ggf. durch einen Dienstleister zurückgesetzt werden.

Wie kann man die Rechte eines Benutzers einschränken?

Falls Sie basierend auf den oben erklärten Regeln und Tipps alles Nötige eingestellt haben aber trotzdem nicht das erwünschte Ergebnis erhalten, dann überprüfen Sie bitte folgendes:

- ✔ Haben Sie die Globalen Zugangsregeln für das relevante Modul auf „Privat" gesetzt?
- ✔ Haben Sie in dem relevanten Profil unter „Übergeordnete Nutzerprivilegien" die Checkbox „Alle ansehen" und/oder „Alle bearbeiten" deaktiviert?
- ✔ Haben Sie für den relevanten Benutzer die Checkbox „Administratorrechte" deaktiviert?

Wie kann ich den Kalender anderer Nutzer sehen?

Die entsprechenden Einstellungen nimmt jeder Nutzer individuell im Menü **[Kalender -> gemeinsamer Kalender]** vor. Bitte beachten Sie, dass Sie Einträge in den Kalender der anderen Nutzer nur sehen, wenn deren Sichtbarkeit auf öffentlich gesetzt wurde.

Wie kann ich meine Webseite oder Buchhaltung mit dem CRM verbinden?

Wenn Sie nur Daten von der Webseite in das CRM übertragen wollen, dann sind die Webforms die richtige Alternative.

Das CRM kann jedoch noch mehr. Mit Hilfe der s.g. Webservices können Sie Daten zwischen dem CRM und beliebigen anderen Anwendungen austauschen. D.h. Sie können von extern elektronisch Daten ins CRM schreiben, aber auch auslesen. Das kann man z.B. nutzen, um das CRM mit einem

Warenwirtschaftssystem oder einer Buchhaltung zu verbinden. Der Einsatz von Webservices erfordert solide Programmierkenntnisse und ist in der vtiger Wiki dokumentiert.

Wie kann ich meine Bestandsdaten übernehmen?

Das CRM bietet Ihnen eine Reihe von Importschnittstellen, die in diesem Handbuch erläutert sind. Damit Sie diese nutzen können, müssen Ihre Daten entsprechend der Vorgaben vorbereiten. In der Regel machen Sie das über Tabellenkalkulationsprogramme. Haben Sie spezielle Bestandsdaten, für welche die im CRM vorhandenen Importschnittstellen nicht ausreichen oder deren Menge die Fähigkeiten eines Tabellenkalkulationsprogramms übersteigen, stehen als Alternative die Webservice Schnittstellen und ein manueller Datenbank Import durch einen Dienstleister zur Verfügung.

Generell gilt, jeder digitale Datenbestand kann ins CRM übernommen werden, so lange diese Daten als Mindestangabe Inhalte für die Pflichtfelder in den jeweiligen CRM Modulen liefern.

www.ingramcontent.com/pod-product-compliance
Lightning Source LLC
Chambersburg PA
CBHW081226050326
40689CB00016B/3694